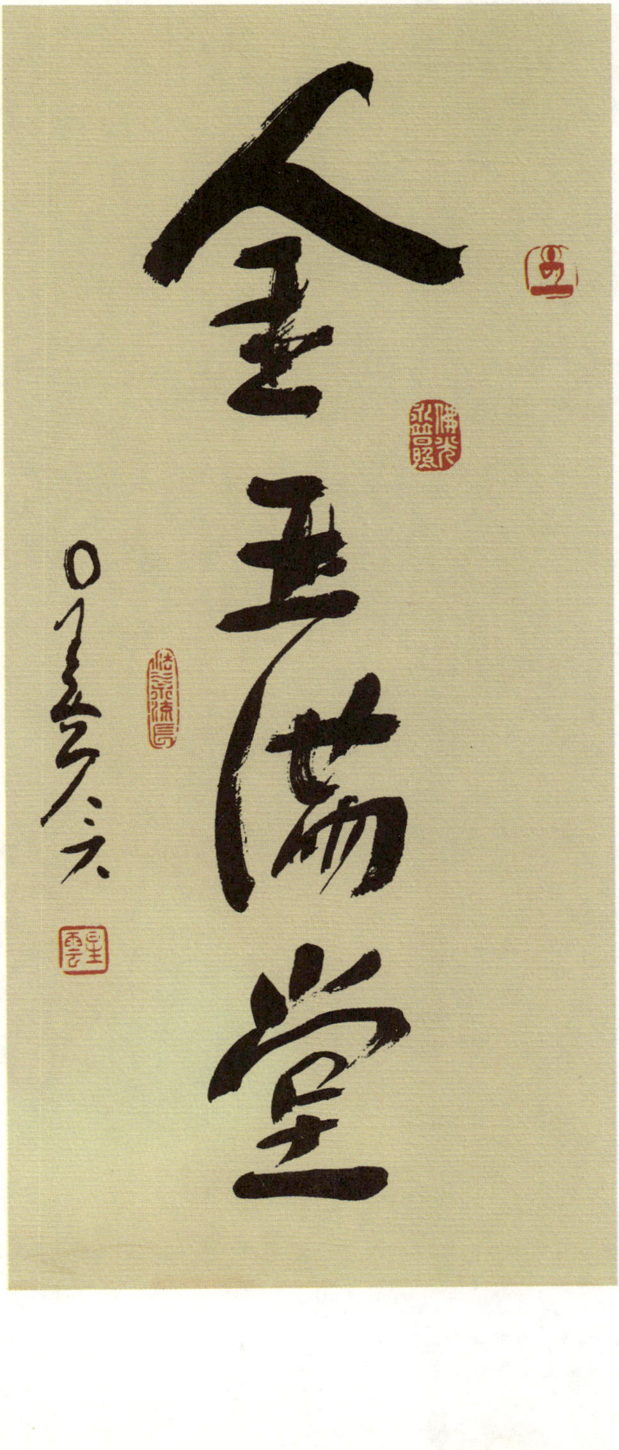

星云大师
总策划

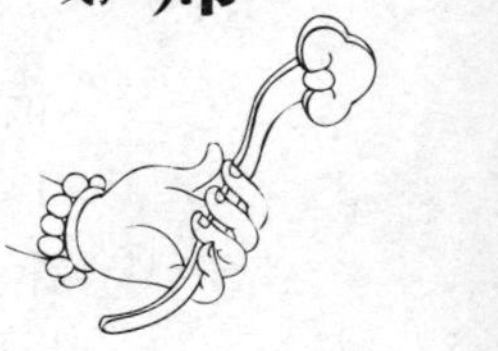

佛光山金玉满堂系列

古今谭

慈惠法师·著

中国出版集团　现代出版社

图书在版编目（CIP）数据

古今谭 / 慈惠法师著 . -- 北京 ：现代出版社，2017.10

（佛光山金玉满堂系列）

ISBN 978-7-5143-5977-0

Ⅰ. ①古… Ⅱ. ①慈… Ⅲ. ①佛学－通俗读物 Ⅳ. ①B94-49

中国版本图书馆 CIP 数据核字（2017）第 058059 号

本书由上海大觉文化传播有限公司独家授权出版中文简体字版

古今谭

总 策 划：星云大师
作　　者：慈惠法师
责任编辑：张　霆
出版发行：现代出版社
通信地址：北京市安定门外安华里 504 号
邮政编码：100011
电　　话：010-64267325　64245264（传真）
网　　址：www.1980xd.com
电子邮箱：xiandai@vip.sina.com
印　　刷：三河市南阳印刷有限公司

开　　本：710mm×1000mm　1/16
字　　数：224 千字
印　　张：20.25
版　　次：2018 年 1 月第 1 版　2018 年 1 月第 1 次印刷
书　　号：ISBN 978-7-5143-5977-0
定　　价：55.00 元

编者序

传灯——智慧的法悦

六十几年前，在中国台湾宜兰一个淳朴的乡村小镇，有位姓张的女孩儿，一路跟随星云大师四处弘法，她就是现今被佛教界誉为才女的慈惠法师。她以一口流利的普通话、闽南话、日语，随侍在大师左右为其翻译。

1994 年 6 月，星云大师曾在台视频道开设《星云说喻》节目，三年后，由慈惠法师接棒，那期间，法师每日勤奋地阅读经论、佛教著作、坊间图书、古今典籍，以及四处搜集整理各种讲说的教材，孜孜不倦地自我学习与充实。

后来，在大师的鼓励与敦促下，慈惠法师将在电视上的讲说稿，整理成一篇篇动人、简而易读的文章，自 2004 年起，每天在《人间福报》副刊连载，专栏名称就取为“古今谭”，希望借由古今各种寓言、典故、巧喻，达到借事说理的功效。2005 年，再由香海文化出版成一套六册的套书。

2011 年 5 月，上海人民出版社亦为其编辑、出版《知己》《善听》和《心悟》三册书，书中除了有星云大师的推荐序外，亦获中国一代文学大家余秋雨的推荐。余先生在序文中写道：“这套《古今谭》，是慈惠法师第一次正式出版的书籍，可以反映法师在几十年弘法过程中循循善诱的风范。讲述故事力求通俗生动，传授道理力求简明浅显，几乎为任何人拔除了理解上的障碍；但是细细品味发现，这些看似简明的道理，却是人生至理，要真正理解又谈何容易……我想，慈惠法师做这种智慧的选择，既出于一个资深教育家的悟性，更出于对星云大师弘法原则的深刻理解。”

星云大师也在推荐序说：“我一生要感谢的人太多，但协助我弘扬人间佛教、推展佛教事业的过程中，慈惠法师是我所要感谢的主要一人。没有她任劳任怨，随我四处游化，在讲说中翻译了五十多年，我无法与大众沟通交流。”

今日，金玉满堂编辑小组，特从《古今谭》套书中遴选数十篇，并于每篇最后，摘录印度僧人僧伽斯那（梵：Sanghasena）所著的《百喻经》故事编写成白话文，祈愿在繁忙紧凑的生活步调中，这些故事可以引领你走进多彩多姿的生命感动里，将智慧法悦之灯点燃、传播，不断延伸、扩大，与有缘人共同分享。

目　录

第三章

第四章

第五章

第六章

第七章

第八章

第九章

第十章

第一章

大海三鱼

在人生的困境中，我们想要有什么结果，

就靠自己的智慧，就看自己的意志力。

【提要】

在我们的社会里，多少人从天灾人祸中，绝处逢生；多少人从逆境艰难里，重新振作。即便是海鸥，也都有着与自然界狂风搏斗的勇气；小小的一尾鲑鱼，也坚持逆流而上产卵繁衍。为了生存，动物尚且如此努力，更何况身为万物之灵的人类呢？所谓“天无绝人之路”，遇到困境，只要能够换个想法、换个立场、换个心情，鼓动生命潜在的力量，把握当下，勇往向前，自有因缘渡过难关，成就不同凡响的人生。

【正文】

经典里提到有三条大鱼，不知怎么，一不小心被大浪冲到岸边浅水的地方，这下可糟了，该怎么办呢？这三条鱼一致认为：“趁着海水尚未退潮，我们得想个办法赶快游走啊！”话虽说如此，但三条鱼的想法各自不同。

第一条鱼说：“不要再犹豫下去，不然我们只有死路一条。”接着大喊了一声："冲啊！"就要奋起全力往前冲，哪知忽然来了一艘渔船挡住了路，要是被渔船逮到，也是死路一条。

它想一想，说："不管啦，为了活下去，渔船挡路，水深不够，我还是得全力一搏。"最后，它终于得以活命了，可是筋疲力尽。

第二条鱼看到第一条鱼逃出去了，心想："我没有力气搏命，那么我得用脑筋想一想，有什么活命的办法。"

它发现海边有很多水草，心想："我可以从水草里头游出去，躲开这艘渔船。"结果这条鱼也活着出去，逃过一劫。

第三条鱼说："我没有力气啊！我也想不出怎么办哪！"就待在原地犹豫，想这想那，提不起劲来。海水渐渐退潮，这一条鱼搁浅了，只有坐以待毙，最后它不但死亡，还被渔船捕去。

三条鱼同样面临几乎是绝路的困境，可是第一、二条鱼，能够寻求机会，绝地逢生，第三条鱼却是坐以待毙。由此可知，在人生的困境中，我们想要有什么结果，就靠自己的智慧，就看自己的意志力。

所以，人生不如意事十之八九，我们要选择坐以待毙，还是运用智慧来解除困境，或者奋力一跳越过危机？全看我们如何选择自己的保命之道。

【思考】

1. 文中三条大鱼如何面对眼前的困境？

2. 为什么危机就是转机？

3. 请分享一则"绝地逢生"的故事。

【延伸阅读——白话百喻经】

有一个时期佛住在王舍城，在竹林精舍和众多大比丘、大菩萨及天龙等八部众神总共三万六千人聚集在一起。

当时参加聚会的还有五百位学习《吠陀》的青年，他们当中有人从座席上站起来，对佛说："我听说佛道博大精深，没有任何教理能及得上，因此特地前来接受您的指教，深切希望您能为我们宣说。"佛回答说："很好。"

青年便问："天下万物是有是无？"佛回答说："既是有也是无。"又问："如果万物是存在的，为何说是虚无？如果是虚无的，则为何说是存在的？"佛回答："生者说是存在着的，死者说是虚无的，所以说是存在的，也是虚无的。"

最后，佛说："你们用心听着，现在我为你们广泛解说各种譬喻。"

——（摘录）引言

鸿雁喻

不管别人说鸭子也好，燕子也好，

我还是鸿雁，这是很要紧的。

【提要】

古德云：“君子不患位不尊，而患德不崇。”意思是说，君子不会担心地位低下，而害怕德行浅薄。每个人都希望受人尊敬，然而受人尊敬之前，必须先尊敬别人，如同孟子所说的：“爱人者，人恒爱之；敬人者，人恒敬之。”希望别人怎么看待我们，就应该时时检视自己的举止，是否受到一些利益或威胁就变了样，倘若能掌握住做人的准则，自然会有好的人格，同时也能够得到别人的敬重。

【正文】

平常，我们做人处事很讲究要有人格，所谓人格就是一个人的规格，而这个规格不是死板，不是框框，是做人要有原则，有道德的标准。例如：我是一个投机取巧的人呢，还是一个持守道德的人呢，或者是个什么样典型的人？这就是我们的人格。

一个人要守道德、有良心、待人处世多与人为善、常存一份善心等，这些都是做人必须具备的人格。如果违背了这些特质，就失去了人格。所以，在一定的标准内就有人格，反之，远离了标准，就丧失人格。

刚开始踏入社会的时候，大家都很重视自己的人格，久而久之，会有些人跳脱做人的原则，为什么呢？这就是人格的沦丧，譬如：别人给我一个诱惑，给我一些打击，给我一点威胁，我马上改变自己的人格，去迎合对方。又如：原本我是一个圆形的格，碰到了一个长方形的人，只因为他对我施加压力，或是给一些甜头诱惑，我就放弃了自己的圆格，跟从他变成长方形的格，这就是失掉了做人应有的格。

据说，鸿雁的家族成员，彼此之间非常亲爱，每次都是全家一起飞行移动。有一次，一群鸿雁飞过越国，越国的百姓看到这情景，说："哇！怎么天上飞来一大群野鸭子？"原来，越国人从没见过鸿雁，把它们当作野鸭看待。

等鸿雁飞到楚国的时候，楚国的人抬头一看，说："奇怪，怎么飞来了一大堆的燕子。"

鸿雁孩子就问爸爸："奇怪！我们是这么大的雁子，他们怎么说是鸭子，是燕子呢？"

鸿雁爸爸说："孩子，不管别人说什么，我们还是鸿雁。"

不管社会上的功名利禄对我们有多少的诱惑，或者带给我们多大的威胁，我们还是要守住自己做人的格，如同不管别人说鸭子也好，燕子也好，我还是鸿雁，这是很要紧的。

一个人如果能够自尊自重，那么别人要怎么说，都是别人的事。然而，常人却相反，不先自我要求，反倒希望别人能尊重我，要求人家看得起我，期望别人不要讲我什么。至于自己的举止，是不是够威严庄重？自己的行为是不是值得别人敬重？是不是能成气候？是不是展翅高飞的鸿雁？反倒忽略了。

【思考】

1. 试述本文之大意。

2. 在待人处世上，你有哪些原则和道德标准？

3. “鸿雁家族”的故事给你哪些启示？

【延伸阅读——白话百喻经】

从前有一个人，他到别人家里做客。主人请他吃饭，他嫌菜淡而无味。主人知道了，就另外为他放点盐进去。加盐后菜变得美味可口，于是，这客人就自言自语说：“味道所以这么鲜美，是有盐的缘故，稍加一点就如此美味，如果加多一些，岂不更妙？”这个愚人不懂其中的道理，竟然抓起盐巴就往嘴里塞。吃罢，口颤舌抖，反受其害。

——（摘录）愚人食盐喻

善　听

静下心来，听听别人讲的，

可以从对方所说的内容当中，

吸收到很多知识和宝贵经验。

【提要】

佛教经典都以“如是我闻”作为开头，意思是要我们懂得谛听、善听、全听。人我相处，也要善于聆听，才能明白对方的需要，也才能同时吸收到宝贵的知识和经验；假如我们能多听圣贤的好人好事，不但会心生欢喜，而且必能成圣成贤；有时，甚至要能把不好听的话，都听成好话，而且做到皆大欢喜，信受奉行。因此，善于谛听的人，才会有进步、成长的空间。

【正文】

“善听”意指很会倾听，但这里的“善听”是个名字，一只动物的名字。

地藏王菩萨有着慈悲救度地狱众生的大愿力，每到农历七月，很多信徒都专程到寺庙里参加法会，礼拜地藏王菩萨。

如果我们仔细观察，会发现在地藏王菩萨的脚下，有一只造型很特别的动物，有些人看了之后，说它是狮子，可是又不像狮子；也有人说是独角兽，但明明不是独角兽；最后有人干脆说：“什么都不像，就叫‘四不像’吧！”

事实上，称“四不像”，也不对，它真正的名字叫“善听”。善听一直跟随在地藏王菩萨的身边，由于它很会倾听，便负责谛听世间的声音，特别是地狱里苦难众生的声音，它让地藏王菩萨知道这些声音，地藏王菩萨再前往救度。

提起了善听，就想到日常生活中，我们是不是也很善于倾听呢？一般人都很想推销自己，认为我的事情、我的长处，一定要借着我的口、我所说的语言，来讲给别人听，进而让别人接受我，这是很多人共通的想法。但是这个想法对自己真的有利吗？恐怕不见得。

譬如我们去求职，到了面试的时候，对着长官滔滔不绝地推销自己，对方会觉得我们是个人才而录用吗？恐怕不会。正确的态度，应该是在适当的时机，讲几句话之后，就要请教对方：“您需要我具备哪些条件？”好好地听对方讲，尤其这个社会，凡是有地位的人，凡是做长官的人，大都不喜欢听人家讲话，而要别人听他讲。所以，当我们在找工作面试时，如果聪明的话，适度表达自己之后，对于长官所讲的话，要表示自己很用心在听，很专注在听，能够领会，这一点是很重要的。

事实上，很多人都喜欢讲话，可是谈话的内容，如果提到太多关于自己的事，有时候不见得有利；反而是肯静下心来，注意听听看别人讲的，这样不但能让对方喜欢你，而且还可以从对方所说的内容当中，吸收到很多知识和宝贵经验。

所以，不光是会讲，“会听”也是件重要的事情，这也是为什么地藏王菩萨带了“善听”这样的助手。

【思考】

1. 为何地藏王菩萨的坐骑，名为“善听”？
2. “善听”有哪些利益呢？
3. 你是一位“善听”的人吗？为什么？
4. 试述阅读本文的感想。

【延伸阅读——白话百喻经】

从前有一个人，准备宴请宾客，便想储存一些牛奶，以供宴客享用。他想：“如果我每天挤，牛奶就会越积越多，最后无处安放，或许还会变酸腐败，不如就蓄存在母牛的肚子里，到了宴会开始时，再当场把牛奶挤出来。”于是，他就把母牛和吃奶的小牛分开喂养。一个月后，他开始设置宴会，将宾客迎入，才把母牛牵出来，想把牛奶一并挤出，但母牛的乳房已经干瘪塌陷，一滴奶汁也没有，惹得宾客们既好笑又好气。

——（摘录）愚人集牛乳喻

最大的财富

笑容，缩短人与人之间的距离，促进人际和谐；

笑容，让我们的工作事业，更具竞争的力量。

【提要】

给人一个微笑，能使烦恼的人得到解脱，疲劳的人得到安适，颓唐的人得到鼓励，悲伤的人得到安慰。《增一阿含经》里，佛陀提到五种“非人”，其中一种就是“应笑而不笑”。当大家很欢喜地在谈天说笑时，偏偏有人绷着脸不肯笑，不能合群，因此说不像个人。笑，是人类的至宝，是人间的阳光，就如“微笑弥勒”时时面带笑容，处处温暖人心。

【正文】

在这世间，无论是达官显贵，或贩夫走卒，不管是聪明贤良，或喑哑聋残，每一个人都拥有人生最大的财富，是什么财富呢？那就是“笑容”。

笑容是我们与生俱来的能力，是每个人都能公平拥有的财富。我们无须为得到它而努力奔走，更不必担心被抢走而畏惧心惊。甚至，还可以利用它来缩短人与人之间的距离，进而创造出其他的财富。

虽说如此，我们却常常忘记这样宝贵的财富，不知道好好去利用它，所以在为人处世上，经常窒碍难行。其实遇到了僵局，如果能够置之一笑，有时就能化解于无形。例如：家庭里兄弟姐妹间，难免都会有不愉快的摩擦，而影响到家庭的气氛。但是，前一天晚上的不愉快，经过了一夜的睡眠，第二天早上，如果其中哪个人能够先微笑一下，昨天晚上的不愉快就烟消云散了。

在佛光山曾经发生过这么一件趣事：

有一天，大师在巡山时，遇到了一群游客。其中一个人说："哇！好难得！大师请您跟我们全家一起照张相。"

可是，当这一家人都站好了，太太却不肯上前来拍照，嘴里还嚷着："我不要照！我不要照！"

先生说："不要紧嘛！这么难得，我们跟大师有缘，赶快来照一张。"

太太很生气，悄悄地跟先生说："你不晓得吗？我今天没化妆，怎么可以照相呢？"

大师在一旁听到了，就说："最好、最美的化妆品就是微笑，只要用笑容来照相就好了。"

果然这位太太听了很高兴，立刻站到相机前，脸上堆满幸福的笑容。

后来，这张照片寄来了，真是一个幸福家庭的写照。

笑容，缩短人与人之间的距离，促进人际和谐；笑容，使客人愿意上门，生意更加兴隆；笑容，让我们的工作事业，更具竞争的力量。千万不要忘记，我们拥有"笑容"这么好的财富！

【思考】

1. 为什么“笑容”是最大的财富？

2. 你觉得自己“最大的财富”是什么？

3. 请分享读后心得。

【延伸阅读——白话百喻经】

从前有一个人，头上光秃无发。当时有一个人用梨打他的光头，连续打了两三次，把他的头都打破了。这个愚人却不吭一声，默然忍受着，也不知躲避。旁人见了这般情景，就对他说：“为什么不躲开呢？竟然把头都打破啦？”愚人回答说：“像他这样的人，傲慢自负，凭借力气而已，其实是愚痴无知的。他看我头上没有头发，以为是石头，所以用梨敲打，直到打破我的头。”旁人说：“是你自己愚痴，为何反说别人愚蠢呢？如果你不愚蠢，怎么会被打得头破了，却还不知道躲避呢？”

——（摘录）以梨打头破喻

扑满

不要以为善小，没什么福报，就不行善；

不要以为恶小，不会有报应，就不着意。

【提要】

古德云："水滴甚微，积之成渊；土尘甚微，累之成山；跬步甚微，积以千里；小善甚微，累成大德。"一个人的堕落往往也是从细微处开始，所以凡事莫以恶小而为之，莫以善小而不为。须知不积小善，无以圆满；小善累积久了，也会成大善，千万不要因为小而忽视它。

【正文】

有一年过年的时候，佛光山来了一位中学生，手里捧了一个很重的东西，说要供养星云大师。

大师问她："这是什么东西，这么重？"

她说："是钱。"

大师说："你还是一个读书的孩子，无法工作赚钱，不可以拿钱来做功德，要把它带回去。"

她说："大师，这是我自己的钱。"

大师问："你哪来的钱？"

她说："我每天存起来的呀！"

女孩儿一边说着，一边把带来的包包打开。

原来，包包里面放了一个扑满，看起来好沉重。女孩儿当众把扑满的钱倒出来，数一数居然有上万元之多，而且都是十块钱的铜板，一个个累积起来的。

大师问这女孩儿："你怎么累积了这么多钱？"

她说："妈妈每天都给我钱，让我在学校吃午餐，我天天从里面省下十块钱，日子久了就变成这么多。事实上，少了十块钱，我还是一样吃得很好啊！"

周围的人听了女孩儿的话都很感动，那么一个小小的十块钱铜板，或许在成人的世界里，根本毫不起眼，可是，在这女孩儿的善心之下，一个个累积起来，成了上万块钱。

大师又问她："你这些钱要做什么呢？"

她说："因为我不知道要做什么，所以才想请大师以您的智慧替我安排。"

十块钱在我们的眼中，似乎算不了什么，然而积聚多了，小钱也能够做大事。

《法句经》提到不要以为善小，没什么福报，就不行善；不要以为恶小，不会有什么报应，就不着意。须了解这小小的水，滴在盆子里，久了还是会成为一大盆水。所有的福报、罪恶，都是从微细开始累积。小小的扑满也可以做出很大的功德，我们何不每天从一件小小的善事，开始着手做起呢？

【思考】

1. 试述本文之大意。

2. 试举出三个“行善”的方法与益处。

3. 请分享一则行善不为人知的故事。

【延伸阅读——白话百喻经】

过去有个人，妻子长得十分端庄，却不能忠贞守信，与别的男子勾搭在一起。于是，打算跟随情夫私奔。她悄悄地对一位老妇人说：“我走后，你想办法弄一具妇女的尸体，送到我家就放在屋子里，告诉我丈夫说我已经死了。”于是，老妇人趁那丈夫不在家的时候，将一具死尸安置在屋里。那丈夫回家时，老妇人就告诉他：“你妻子已经死了。”他便前去查看。相信那是自己的妻子后，丈夫便哀哭着，准备了许多木柴和油，将死尸烧了，拾取骨灰，用袋子盛装，昼夜揣在怀里。后来女人对情夫起了厌倦之心，便回家了，对丈夫说：“我是你的妻子。”丈夫回答说：“我妻子已死多时了，你是谁？竟乱说是我的妻子。”女人再三申说，丈夫依然不肯相信。

——（摘录）妇诈称死喻

接力赛跑

在做人处世上，有些事情是需要双方合作，
就如接力赛跑一样，大家必须同心协力，
互相配合，才能共事达成目标。

【提要】

世间上一切事物，都必须依众缘方能成就，没有什么是凭个人就可以独力完成的，这便是“集体创作”的精神。就像田径场上的400米接力赛，不论个别运动员多么矫健，如果彼此之间没有好好地协调，依然不能取得胜利。佛教的传灯，同样含有交棒和接棒的意义，每一个宗派、每一代祖师，无论是以衣钵为信，或是以心印心，也都是代代相传，因为没有传承的事业，总是昙花一现，能够不断地交棒，不断地接力，才有无穷的希望。

【正文】

一场长程的跑步比赛，有时个人体力无法负荷，如果改成团体接力赛，就比较容易完成。接力赛跑是一项很有意义的活动。第一，它锻炼我们的耐心，养成做一件事不轻易中断的习惯。第二，借着这项活动，让大家了解同心协力、合作达成目标的重要性。

不过，尽管是很有意义的好事或活动，如果掺杂了个人斗气、称雄霸道的情绪，有时不但不能达到原来设定的目标，还会有相反效果。

据说，有一位父亲宴请了很多朋友来家里吃饭，正要吃饭的时候，发现没有酒了，于是对儿子说："儿子啊！去买一些好酒回来。"

过了很久，儿子还没回来，父亲心里觉得奇怪，朋友们也都等着酒喝，于是主人就对大家说："我去看一看。"

原来，主人的儿子买好酒，要回家的时候，在巷道遇到一个人迎面而来。由于路很狭窄，彼此又不肯相让，两人就一直僵在那里。

父亲看到这境况，就问："儿子，你在做什么？"

儿子说："我要过，可是他不给我过呀！"

对面那个人也说："是我先走到这里，你应该让我先过。"

儿子说："是我先到的！"

两个人就在那里斗气，互不相让。

没想到父亲听完，说道："嗯，儿子，你有志气，很强，是好汉！爸爸支持你，我来替你站在这里，你先把酒带回去。"

儿子说："不能，我们要做英雄好汉，父子俩要一起做。"

所以，父子俩就站在那里跟路人对看，家里的客人都觉得这对父子莫非是骗我们，一个去买酒，一个去追，竟都不回来。后来，这些客人也就不欢而散了。

想想看！本来宴请朋友是一番好意，就为了一时之气，这对父子竟然耗费许多光阴，来跟路人对抗。结果又如何呢？争到了什么？成为好汉了吗？所谓"退一步，海阔天空"，能够让一步，后面的世界还很宽，因此一个真正的好汉，是能伸能屈的。

在做人处世上，有些事情是需要双方合作，但人常常会为了一两句话而坚持不下，或在情绪上起大波澜，结果让原本可以好好合作的一件事，在这种无谓的纠纷中给搞砸了。因此，就如团体完成接力赛跑一样，人与人必须同心协力，互相配合，才能共事达成目标。

【思考】

1.“接力赛跑”的意义为何？

2. 试述“传承”的重要性。

3. 请分享一则集体创作的亲身体验。

【延伸阅读——白话百喻经】

过去有一个愚蠢又不通事理的人，口渴极了，需要饮水，见炎热时远处野地里腾升的蒸汽，以为是水，立即追寻而去，直至印度河边。到了河边之后，却望着河水不喝。旁人问他：“你这么渴，望水汽奔逐而来，如今到了河边，为何不痛饮呢？”愚人回答：“倘若能将水喝干的话，我就喝了。而这河水滔滔不绝，完全不可能喝完，所以就不喝了。”众人听了他的话，都哄然大笑。

——（摘录）渴见水喻

药草在哭

只要有能力，无论走到哪里，

都有机会受到人家重用。

【提要】

圣医耆婆识药草，就如同伯乐识千里马。虽说“千里马常有，伯乐不常有”，是一件令人遗憾的事，但正如本文故事中的诃梨勒[①]所说，只要自己有足够的能力，就不必担心忧虑了。我们的能力，不仅限于智力、学历、经验等，最宝贵的能力是我们的自性。所以佛陀在菩提树下金刚座上成正觉的时候，便说，大地众生皆有如来智慧德相，只因妄想执著，使我们忘记了本自具足的能力。能认识自性，当下就是自性佛，又何须担忧、悲泣呢！

【正文】

佛陀时代有一位非常有名的医生，就是人称圣医的耆婆。由于他的医术非常高明，所以不管患者得什么疾病，都可以治愈；任何一种药草到他手中，都能够成为救命的药方。不管只是一株，或者一堆的药草，他都能够运用自如，因此那些药草都很开心，觉得自己很有用。

随着光阴的流逝，圣医耆婆一天天衰老，最后终于离开了人间。这时候，药草们都伤心哭泣："从此以后，再也没有人懂得我们药草的功用，再也没有人知道我们药草是这么有贡献。我们空有功能，又有谁能够了解呢？"

在这当中，只有一种名叫诃梨勒的药草，它不哭泣，而且说道："这有什么好哭的呢？要紧的是我们自己本身，如果具有治病的功能，还怕人家不来用我们吗？你们之所以哭泣，是因为你们的药效不强，所以担心忧虑。"

这段话是什么意思呢？佛法里提到：不管有没有名师指导，假如我们有心要修道，在道业上认真用功，总有成就的一天。一般人想要在社会上生存，或者希望受到人家赏识，一旦机会来临了，假如没有那份能力，也没有用啊！所以，有人赏识，有人重用，固然要紧，但更重要的，是自己要先有能力。

只要我们有能力，就不愁没有饭吃；只要我们有能力，无论走到哪里，都有机会受到人家重用。因此，即使是大老板的儿子，如果没有能力，摆在公司里，即使人家怕他，也不会服气，因为他没有能力。相反，一个没有任何人事关系的人，想在公司晋升，或许会觉得"我很吃亏"，事实上，也不见得，假如专业能力很强，专业知识很丰富，工作态度也很认真，不但不用怕公司不用你，反而各处还会抢着要呢！

所以，佛法里讲自食其力，自灯明、法灯明，只有先点亮自己的心灯[②]，自我的充实，才是最重要的条件，只要我们具备了能力，就不必像药草那样哭泣了。

【注释】

①诃梨勒：又作“诃子树”。果实可治眼疾、风邪，且有通便之效，于古代律典为五药之一。

②心灯：譬喻心灵。心灵能烛照一切，静而不昧，故喻之以灯。

【思考】

1. 本文中，药草为何哭泣？

2. 如何充实自己的能力？

3. 请以 SWOT 分析法，写下自己的优势、劣势、机会与威胁。

【延伸阅读——白话百喻经】

从前有一个人容颜端正，具备多方面聪明才智，钱财又多，世人没有不赞叹他的。有另一个人，见其如此，便说那是他的哥哥。他之所以这样说，是因为觊觎那人有钱，自己若有需要的话，即可以取用；后来见到那人还债，则改口说不是他的哥哥。旁人说：“你这个人，为何需要钱的时候，称他为哥哥，等到他负债时，又说不是哥哥啦？”他回答：“其实他不是我的哥哥。我因为想得到他的钱财，才认他为兄长；现在他负了债，我当然就说他不是我的哥哥了。”

——（摘录）认人为兄喻

黑白二姊妹

好好支配钱财，

让它发挥功能，这才是真正的收获，

因此有钱是福报，用钱是智慧。

【提要】

佛教并不反对人追求财富，而是主张应该以正当的途径来得到财富。佛教将分内、合法的收入称为“净财”，净财除了维持生活所需外，还可以用作布施救济、求道弘法的资粮。

日常生活的理财方法，《阿含经》便有很好的建议：“一施悲和敬，二储不时需，三分营生业，四分生活用。”不仅列出了布施、储蓄、经营、家用四大项目，而且规划了适当的比例，兼顾全面的生活需求，可说是有智慧的理财观。

【正文】

很多人都希望发财，因此特别喜欢财神爷，然而财神爷究竟长什么样子呢？经典里有这么一则故事：

有一个人日夜祈求，希望财神爷能够到他家，为他带来许多财富。

这天，财神爷变化成一位身着白衣的美丽姑娘，来到这户人家的门前，她敲着门说：“我是替你们带来财富的财神爷。”

“啊！是财神爷，欢迎！欢迎！请里面坐。”这个人满脸笑容热情地迎接，并且要求：“财神爷，不知道您今晚可不可以住下来？”

“可以呀，不过我还有一个妹妹，她跟着我一起来。”财神爷正说着，一位身穿黑色衣裳的女子从门口走了进来。

这名黑衣女子长得十分丑陋，一看就令人感觉很不舒服。

主人心想：“真奇怪，姊妹两人的长相，怎么差别那么大？”

财神爷接着解释说：“我呢，是负责把财富带给人家，而我妹妹是负责把财富给用掉。”这个人一听愣住了。

财神爷后面还跟着一个用掉财富的人，意味着什么？

财富有去来，财富是流动的，所以古人以水代表财富。因为是流动的，所以才有增加财富的机会，也因为这流动性，所以钱财必定有收有支，如果我们能了解这个道理，就不会患得患失，不因财物增多而开心，也不为财物减少而难过。

常言道“君子爱财，取之有道”，其实只要我们赚钱赚得正当，用钱用得合理，就是智慧的理财；假如一个人只懂得赚钱，却不懂得支用，那么和没赚到这些钱又有什么两样呢？

星云大师曾说：“钱，用了才是自己的。”意思就是要好好支配钱财，让它发挥功能，这才是真正的财富。因此有钱是福报，用钱是智慧。我们在社会上赚钱要取之有道，同样，在家庭里给孩子零用钱，也要给得合理有智慧。能以这样的态度来面对财富，财富才能真正属于我们，才能为我们带来真正的幸福。

【思考】

1. 为什么财富被比喻为“水”？

2. 你如何规划钱财？

3. 除了“金钱”外，你还拥有哪些财富？

【延伸阅读——白话百喻经】

很久以前，有一位住在山林的人，偷了国王库藏的衣物后，逃到了远方。当时国王派人四处查问寻找，捕捉到了那位山民，将他带至自己面前。国王就追问他衣物是从哪儿来的。山民回答：“这些衣物都是祖父辈留传下来的。”国王命他穿上这些衣服。因为衣物确实不是他原本所有，所以不知道怎样穿戴，应该套进手中的，却穿到脚上去了，应该系在腰间的，却戴到头上去了。国王看见这番情景，便召集众臣共同商量此事，而后对那人说：“如果这些衣物是你祖父辈留下来的，应当懂得如何穿着，却为何会上下颠倒呢？这是不懂穿着的缘故，因此可断定你这些衣物必是偷来的，不是你旧有的。”

——（摘录）山羌偷官库衣喻

青出于蓝

未来只要我们肯努力，肯让自己成长得健康茁壮，
让自己表现得优秀杰出，这就是“青出于蓝”。

【提要】

世间有许多帮助、济助我们的人，也有许多打击、阻碍、陷害、排挤我们的人，假如能把不好的因缘，看作是用来考验我们，让我们提高警觉，增加智慧的功课，甚至当成是菩萨示现，就不会有太多的怨言与不满，反而会觉得，眼前所有的人都是善知识。《大乘起信论》云：“心生则种种法生，心灭则种种法灭。”面对任何境界或磨炼，如果能跨越心中的障碍，定可以让我们变得更茁壮、杰出。

【正文】

“青出于蓝”是我们常听到的一句话，譬如老师教出来的学生，比老师还杰出、有成就，就是青出于蓝。这也意味着一个好老师的教学，能够对学生起很大的帮助。

佛教的教学法里面，有时候是采用正面的，有时则是使用负面的，当然利用负面的教学法，教学者必须有很高的智慧；以负面的教学，来激励学生，产生向前的力量，叫作“逆增上缘”。

日本有一位国宝级的围棋高手。曾有人问他：“你不只在棋艺上有很大的成就，在为人处世方面，也都受到大众的肯定和推崇，是不是棋艺帮助了你？”

他说：“不是的，不是棋艺帮助了我，而是我父亲给予我的调教。”

访问者说：“令尊是怎么调教你？他是位什么样的父亲？”

出乎意料，这位围棋高手的父亲，竟是一个非常糟糕、不负责任的父亲，他不但在外面喝酒、赌博、游荡，一旦缺钱，就回家伸手要钱，如果拿不到，或是喝醉酒、赌输钱，还会殴打妻子、孩子，乱砸东西出气，把一个好好的家，糟蹋得不成形。

可是，这个孩子的个性也很顽强，他想：“爸爸怎么这样，既不赚钱，回来还要打人，这么不讲道理。好！你这个样子，我偏不要像你。爸爸爱喝酒，我就偏不喝；爸爸好赌博，我就偏不赌；你打人骂人、吵架大声，我就温和有礼、谦虚待人。”

就这样，这个儿子用截然相反的生活态度，来表达对父亲的抗议，他从打骂、赌博、喝酒的父亲身上，学习到不喝酒、不赌博、不打人，不但成就了清高的品德，更奋发向上，成为国宝级的围棋高手。

看看古往今来，多少功成名就的伟人，有些都是因为家庭有残缺，或者父母不成器，因而更引以为鉴、奋发图强。或许父母没办法给你一个温暖的家庭，但是将来你自己可以创造一个美满的家庭，也可以让自己拥有一个健全的人格，这不就是“青出于蓝，而胜于蓝”了吗？

台湾有句俗话：“歹竹出好笋”，意思是过去的成长条件，或许不是很好，但未来只要我们肯努力，肯让自己成长得健康茁壮，让自己表现得优秀杰出，这就是“青出于蓝”，可千万不要麻布袋、草布袋，一代不如一代啊！

【思考】

1. 试述本文之大意。

2. 何谓“逆增上缘”？请举例说明。

3. 请分享一则“青出于蓝”的故事。

【延伸阅读——白话百喻经】

从前有一个人，在众人当中赞叹自己父亲的德行，说：“我的父亲为人仁慈，不伤害他人，不偷盗，不说谎，而且还把财物施舍给穷人。”那时有个人听了这番话，便说：“我父亲的德行，还要超过你的父亲。”众人问道：“有什么德行，请说说他的事迹。”那人说：“我父亲从小就断绝了男女之欲，从没接触女人。”众人说道：“如果你父亲从没接触女人，怎么能生出你来？”那人深受当时人所嗤笑。

——（摘录）叹父德行喻

第二章

拾落叶

当机会来临时，须及时把握，

就像捡落叶一样，有了就把它捡起来。

【提要】

佛教很重视“当下”，一再强调“凡事要把握当下”，“当下”这一刻、“当下”这一念，最为重要，你不重视当下，虚度现在，那么如石火电光的当下逝去，再也追不回来了。所以讲到时间，过去的已经过去；现在的不能停息；未来的尚未来到，过去、现在、未来，就在时间的轮盘上转动，永不停止；我们在自由轮转不停的时间里，要掌握刹那的时间，念念与清净善美相应，就不会空费现在的时间了！

【正文】

有一天，鼎州禅师带着徒弟在寺庙里的庭院散步，当时正逢秋天，正是落叶飘零的季节。禅师边走边为弟子说法，只要一看到地上有落叶，他就弯下腰，把枯叶捡起来。鼎州禅师走走讲讲、讲讲走走，时而弯腰捡起落叶，身旁的徒弟看了，都觉得过意不去。

一位弟子说：“师父，不必这么麻烦，反正我们每天都会打扫庭院，不如随它去，待会儿再来扫就好了。”

这时，鼎州禅师说：“你们就是这样，难怪学道不能脱离烦恼，开不了智慧。等一下再来扫，可是这个庭院现在就很脏乱，假如每个人都能随手将一片片的落叶捡起，当下这个庭院不就很干净、很美好了吗？”

修行也是一样，烦恼在前，当下就要想办法解除，不是等它累积许多，到了打坐、诵经时间，才来想办法断除，如果这样，修行就很困难。修道的人若要断除烦恼，就得好好把握当下。

我们也常听到有些人，请他做一点好事，或叫他来修行，他说：“我现在没空儿，等我有空以后再来。”现在不来修行，要等到什么时候呢？真的到那个时候，因缘会使你如愿吗？不一定！所以，我们常说：“做善事缓不得，当下要把握。”有了行善的机缘，就要赶快把它做好。

仔细想一想，人生的前途、事业又何尝不是如此呢？当机会来临时，须及时把握，就像捡落叶一样，有了就把它捡起来，不要拖拖拉拉，等这个，等那个，等到想做的时候，机会都已经失去了，因缘也已改变了。所以，不管修行或做事，把握当下是最重要的。

【思考】

1. 试述本文之大意。
2. 请分享“把握当下”的人生体悟或生命经验。
3. 本文给你什么启发？

【延伸阅读——白话百喻经】

过去有个十分富有但不通事理的人。他到另一位富人家去，见一座三层楼房，高畅广大，端严华丽，轩阁清敞疏朗，内心非常羡慕，他想：我的财富并不亚于他，为何不盖一座这样的楼房呢？于是唤来木匠，问说：“你会盖像那家一样好看的楼房吗？”木匠回答：“那就是我盖的。”富人立即说：“你也为我盖一栋那样的楼房。”

于是，木匠就开始丈量地面，砌垒砖坯，盖起楼房来。富人见他垒坯砌砖，造作楼舍，不甚明白，便问道：“你在做什么？”木匠回答：“盖三层楼。”富人说：“我不想要下面两层，可先为我盖第三层。”木匠回答：“哪有这种不盖第一层，而能盖第二层，不盖第二层，而能盖第三层的事？”富人固执地说：“我就是不要下面两层，只要替我盖最上层就可以了。”当时人听了，都不免笑他，异口同声说：“哪有不盖下面第一层而能盖二层、三层的道理？”

——（摘录）三重楼喻

眼横鼻直

人如果能够原原本本、
很真实地来看待这世间，
必然能感受到世间本来就存在的美。

【提要】

所谓“平常心”，就是“不以物喜，不以己悲”的心境，当我们面对荣辱得失时，如果能以平常心去看待，自然能够坦然以对，不会因为环境变化而生起喜忧；也唯有平常心，才能入得佛法之门。“眼横鼻直”是道元禅师的体悟：原来佛法是那么自然简单，没有比较分别，一如脸上的五官，眼睛是横的，鼻子是直的，此即是佛教里所说的“平常心是道”。

【正文】

眼横鼻直[①]是指我们的脸上有两只眼睛、一个鼻子，眼睛在脸上横着摆，鼻子在眼睛的下方竖着放，这也是禅宗里头的一句话。

眼睛横的，鼻子直的，这是理所当然的事，为什么还要特别这样说呢？那是因为人的心里，起了妄想、擅自分别，或者扭曲误解，所以把很多平常简单的事情给复杂化了，因此就纠缠不清。

譬如：春天百花盛开，夏天凉风吹拂，秋天明月高照，冬天细雪纷飞，四季交替是很自然的事情。如果我们顺其自然，去了解真实的现象，会觉得春夏秋冬都很美。反之，如果不是这样去看待，硬在春夏秋冬当中擅起分别心，比较这个好，那个不好，比来比去，恐怕四季没有一季是好的。

例如：办公室里的职位升迁，本来是一件很简单的事情，可是很多人却把事情给复杂化了，因为他们在这里面搞人情、搞关系，甚至有利害冲突、得失等，所以彼此之间比较、计较，各种的烦恼业障②从生。

佛教讲“平常心是道”，我们处事应该要以平常心来看待，也就是眼睛横着摆，鼻子竖着放，照着原来的面貌，不要有太多的分别，这样就很真实、很单纯，不会有烦恼。

日本曹洞宗的开山祖师道元禅师，曾在宋朝的时候，来到中国留学，学成归国以后，很多人去探望他，希望从他那儿听闻奥妙的佛法。

大家问他：“你到中国学禅法，得了什么回来？”

他说：“只有一句话，是我老师讲的：‘眼睛是横的，鼻子是直的’。”

“就这么简单？”

道元禅师说：“本来就是这么简单。”

人如果能够原原本本、很真实地来看待这个世间，必然能感受到世间本来就存在的美，所以“眼横鼻直”才是道。

【注释】

①眼横鼻直：禅林用语。比喻如实知见。指觅道不必奇遇，直须看取本来面目。

②业障：谓众生于身、口、意所造作之恶业能蔽障正道。

【思考】

1. 为什么平常心是道？

2. 你觉得什么是“道”？

3. 生活中，你如何克服妄想与分别？

【延伸阅读——白话百喻经】

从前有一位婆罗门，自称知识宏博，对星象、占术及诸种技艺，没有不精通的。他凭恃着自以为是的能耐，想显露自己的本领，于是就到了别的国家，抱着儿子在人们面前哭泣。有人问他：“为什么哭？”他说：“这个小孩儿，七天后就会死去，我疼惜他未成年就夭殇，因此哭泣。”为了维护自己的名声和利益，到了第七天，婆罗门亲手把儿子杀害了，用以证实自己的预言。

——（摘录）婆罗门杀子喻

哑子得梦

禅宗“哑子得梦”的境界，
是每个人都可以体会的，
只是要沉静下来，用心体验。

【提要】

宁静，是现代人追求的生活品质。儒家也说：“知止而后能定，定而后能静，静而后能安，安而后能虑，虑而后能得。”所谓“宁静致远”，佛教也讲究寂静；静，才能拥有禅心，才能通达，才能和圣贤交流，而“禅”是很单纯的，单纯到不需要任何语言或念头，只要静心思维，就能感受到丰美的心灵世界。

【正文】

在禅林里有一句用语叫“哑子得梦”，意思是哑巴做了梦，不管梦中充满了幸福快乐，或者悲哀忧伤，都无法以口说出。这是比喻禅修的境界是难以用言语表达出来，必须靠个人亲证才能体悟。

因此，无论是参禅打坐，乃至开悟证果，都是如人饮水冷暖自知，必须要亲自体验之后，才能了解个中的滋味，所以禅宗就用“不立文字、言语道断”这八个字来形容“哑子得梦”的境界。

事实上，不只是在禅修的境界里，就是在人与人相处之间，有很多事情也是无法以言语说清楚的。只是这个无言说的世界，对我们来说实在陌生，因为平时我们已经习惯生活在动荡、愦闹、爆笑、喧杂的社会里。例如：白天上班时，在马路街道上穿梭，各种声音充耳，夜晚下班后，还要再去卡拉 OK 饮酒高歌。日复一日这样的生活，难道真是我们所追求、所想要的吗？

过去，佛陀将心法传给大迦叶，没有语言，没有文字，只是拈花微笑，大迦叶就能够明白一切，这就是心灵的世界。其实，禅宗“哑子得梦”的境界，是每个人都可以体会的，只是要沉静下来，用心体验。甚至禅宗里说“只手之声”“无弦琴音”，我们也都可以听得到；这些声音是远离语言文字，也是来自心灵世界的。

在佛光山丛林学院曾经开过一门音乐欣赏课程，请到一位对现代音乐颇有造诣的老师，也准备了非常好的音响设备。上课的时候，老师播放各式各样的乐曲，并对每首曲子加以讲解，有时乐声如泣如诉；有时气势雄伟，犹如千军万马奔腾。就这样一首又一首地播放，直到唱机播完最后一首曲子，空气中所有的一切，仿佛又重回宁静。

这时，老师问台下的学生：“你们认为这堂课里，哪一首曲子最美？”

没想到，有位学生竟回答：“当唱机停止的时候，宁静最美。”

是啊，宁静最美，宁静中更能让我们有“心”的感触。而“哑子得梦”的世界，就存在每个人的身边，只是我们身处愦闹中没有察觉而已。

假日里，不妨到郊外走走，或去寺院参访礼佛，聆听一下晨钟暮鼓，寻找“哑子得梦”的世界，那将会是一个心领神会、无以言喻的美妙世界。

【思考】

1. 试述“哑子得梦”的涵义。

2. 如何体会“哑子得梦”的境界？

3. 试述佛陀“拈花微笑”的故事。

4. 请分享“宁静最美”的生活体验。

【延伸阅读——白话百喻经】

从前有一个愚人在家熬煮一种叫作黑石蜜的蜂糖，这时，有位富人来他家做客。那人就想：我应该盛一杯黑石蜜浆招待这位富人。于是就在石蜜中加一些水，搁在火上，同时又用扇子扇石蜜浆，希望它凉得快些。旁边的人看到，就对他说：“下面的火不熄掉，上面扇个不停，怎么会变凉呢？”当时，听到的人都觉得好笑。

——（摘录）煮黑石蜜浆喻

你是几年级

“你是哪一年级”，我们是看表相，

还是看内涵、看意义呢？

【提要】

一栋房子，钢筋水泥建造出来的外观是硬体，里面的装潢、设备，如何让人住得舒适，又感觉赏心悦目，甚至住在里面的成员如何共同营造出家的感觉，让它散发出温馨和乐的气氛，这就是软体配备的功能。就如同一架飞机，里面的软体设备可能比硬体价值更高；一艘军舰，软体必然胜过造舰的价值。制造硬体有一定的成本，软体则是无限的投资，所以一般人只重视硬体设备，而忽略软体的内涵，其价值必然减低。

【正文】

秋天，是学校开始上课的季节，在这个时节里，常常会听到这样的对话：

“现在几年级啦？”

“哦！你升上三年级。”

“他是六年级。”

“你是几年级？”这句话经常被大家拿来询问使用。星云大师也常常对弟子讲这句话，为什么大师会这样说呢？因为近几年来，国人很盛行到海外去旅游，尤其佛光山在世界各地有很多的道场，无论是徒众或信徒，都会前往旅游参访。这时候大师会问：“你是几年级？”意思是在这个旅游活动中，不妨检视一下，看看自己是几年级的程度。

佛光山是佛教圣地，也是中国台湾的一个旅游景点，无论男女老少，做工上班，各式各样的人都会来到这里参访。某次，一群学者来到佛光山参观，回去之后在报纸上写了这样的报道：

“佛光山是水泥文化，佛像是水泥，房子也是水泥，许多雕刻的东西都是水泥做的。所以，水泥文化没有什么价值。”

甚至学者认为佛光山的颜色、造型，应该要怎么样、怎么样，最后才又想到，说：“佛光山规模这么大，又是佛教界里头的一个山头。”

事实上，学者的看法并不正确，为什么呢？例如：很多来玩的游客，他们到佛光山之后，就急着找哪里有饮料可以买，哪里有东西可以吃。所以，他们来了一趟佛光山，觉得佛光山很商业化。可是，对信徒而言，他们认为这里是道场，有佛像可以拜，有地方可以修行。所以，信徒觉得佛光山是圣地。

有一次，一位母亲带着小女孩儿，在佛光山上漫步行走。小女孩儿年纪很小，连幼儿园大班都不到，母女俩一路走着，小女孩儿就指指点点，不断地跟妈妈说：“妈妈，阿弥陀佛的家好美、好漂亮哦！”

从这个小女孩儿的话，让人想起学者说佛光山是山头，是水泥文化；游客说这里卖东西、商业化；信徒说佛光山可以拜佛修行办道；小女孩儿说阿弥陀佛的家好漂亮、好美哦！这正是“你是哪一年级”，我们是看表相，还是看内涵、看意义呢？

所以，星云大师曾说过要到九年级，十年级，也就是最高年级才有资格到印度去朝圣，为什么呢？因为印度的圣迹是要看内涵，而不是看外表啊！

【思考】

1. 请说明“你是几年级”的意义。

2. 试述你旅游参访的经验。

3. 你觉得佛光山是一个什么样的道场？

【延伸阅读——白话百喻经】

从前有一位国王，生了一个女儿，便找来医生说：“替我弄药给她，让她立刻长大。”医生答说：“我可以给这种药，能使她立刻长大。可是如今仓促之间无法觅得，必须去寻找。在我找到药之前，请陛下不要去看您的女儿，等我给她服药之后，再让陛下见她。”过了十二年，医生采得药给公主服下去，然后带她去见国王。国王见了很高兴，心里想：确实是良医，给我女儿服了药，能令她立刻长大。便命令左右赏赐珍宝给他。当时许多人都笑国王愚昧无知，不晓得计算女儿出生年月，见她长大了，竟认为是药力所致。

——（摘录）医与王女药令卒长大喻

甜　鱼

多与少不是唯一的要素，

用对人、做对事，才是成功的关键。

【提要】

有人说："用兵择其勇，用人择其才。"不管做人、做事，都要谨慎思虑，才不易出差错；有时候人多，不一定好办事；况且，用兵之道，在精不在多。历史上的赤壁之战、淝水之战，都是以少胜多而著称。现代社会往往因分工太细，反而使人力分散，无形中导致散漫无章，自我而无共识，投入的人力、资源虽多，却像故事中的国王，始终达不到理想的效益，如何做得恰当，是我们应省思的。

【正文】

据说有一种鱼，肉质非常甜嫩，而且没有刺，是十分稀有的，它的名字叫"甜鱼"。印度有一个国王很喜欢吃甜鱼，于是在皇宫里养了很多这种鱼；由于国王舍不得一下子把甜鱼全吃掉，所以特地找一个人来看守，并且交代他："你每天只要给我八条甜鱼吃，其余的我要留着繁殖慢慢吃。"

可是，后来国王发现："奇怪！我一天只吃八条鱼，可是池子里的鱼，怎么少得这么快？一定是这个看管鱼池的人有问题！好，再加派一个人来看守。”

奇怪的是，池里的鱼还是越来越少，国王只得再增加看守人员。可是，看守的人越多，鱼群就少得越快，到了最后，连一条鱼都没有了。

为什么会这样呢？原来第一个看管的人，每天除了给国王八条鱼外，他也抓了八条鱼回去吃。后来，再加派一个人来，这个人也同样捉了八条鱼走，最后增加到十个人的时候，一天就少掉了八十条鱼。

后来，一位大臣告诉国王：“王啊！您用错人了！用得少，伤害还少一点；用得多，伤害可就大了。”

所以，有时候用人不一定要多，但是要用得恰当。

第二次世界大战期间欧洲盟军统帅艾森豪威尔常自豪地说：“我只领导三个人。”为什么他这样说呢？原来虽是百万联军，但艾森豪威尔将军用人得宜，完全授权给三位下属，让他们充分发挥所长，打了一场漂亮的胜仗。

由此得知，只要会用人，人手不一定要多。不过，这世间许多人做事都很计较，例如：在年度计划里，总想争取多一点的员额，甚至希望钱多、人多，什么都要多。有没有想过，难道“多”就有帮助吗？佛光山星云大师常讲一句话：“残兵败卒，都能够打胜仗。”所以，用人之要首在恰当，如果用错了，人越多反而危害更大。

看看今日的世界，美国、法国固然很大，但像日本、韩国土地也不大，新加坡更小，可是这些国家，在世界的经济圈里，成绩并不输于别国啊！可见土地大、人口多固然好；但如果土地小，只要会用人、会经营，还是可以很优秀、很杰出，也可以有很大的成果。因此，多与少不是唯一的要素，用对人、做对事，才是成功的关键。

【思考】

1. 试述本文之大意。

2. 国王的鱼池中鱼越来越少的原因为何？

3. 为什么说“残兵败卒”也能打胜仗？

【延伸阅读——白话百喻经】

过去有一群商贩，想渡海去采宝。而渡海的首要条件是，必须有一个向导才能成行。于是大家分头寻找，终于找到了。有了向导，他们便出发上路了。他们来到一处旷野，那里有一座天祠，需用活人做祭品，然后才能通过。于是这群商贩便聚在一起商量：“我们几位伙伴，不是亲戚就是朋友，怎么可以杀？只有这位向导，可用来祭祀天神。”于是就杀了向导，用以祭祀。祀天完毕后，他们却迷失了方向，不知该往哪儿走，结果都被困死在途中。

——（摘录）杀商主祀天喻

习气如江山

习气不是什么坏事，

但有碍一个人的修养和气质。

【提要】

窥基大师认为，习气是言行、思想上的一种惯性，一种执取，由于经常生起，长期下来熏习于心中残留的气息，虽微细却难以断除，就好像茶喝完了，茶杯仍存留茶香；纳香之箧取出香后，犹有香气一般。正因为是累世所积沉且渗透力强，习以为常而不自觉，以致烦恼易断，习气难改。

【正文】

在公众场合里，常可以看到许多人以华丽的穿着、笔挺的西装，来展现他们高雅的气质。可是，这样的气质撑不到几分钟就消失了，为什么呢？譬如坐下来谈话时，讲着、讲着，不自觉跷起二郎腿，甚至脚开始抖了起来，尽管身上穿得西装笔挺，但是讲话时，两条腿拼命抖啊抖的，实在有损威仪，这就是一种习气。

佛教里讲习气，其实就是一种残留的习惯。虽然习气不是什么坏事，但有碍一个人的修养和气质，甚至会影响品德，留给人不好的印象。

在佛陀的弟子里，有许多已经证得果位的阿罗汉，其中有一位阿罗汉经常揽镜自照。一个大比丘怎么老是在照镜子呢？大家都觉得很奇怪；后来，比丘自己也觉得不好意思，虽然如此，还是不由自主地去照镜子；于是，有人请教佛陀，为什么这位证果的阿罗汉，经常在照镜子？原来，这名阿罗汉过去五百世都是女人身，已经照镜子照惯了，一时之间改不掉这项习气。

又如有些人到了二三十岁才剃发出家，刚刚出家时还不适应自己的身份，忽然风一吹来，连忙伸手要去拨弄头发，这时才发现头发早已剃掉了，像这样的情况就是习气。

此外，经典中也记载了佛弟子憍梵波提①吃完饭后，嘴巴依然咀嚼不停，有时出外应供②，在那么庄严的场合里，憍梵波提的嘴还是一样动来动去，究竟是什么原因，让他有这样的习气？原来，过去几百世以来，憍梵波提一直当牛，而牛吃东西后都会反刍，这种咀嚼的习惯，即使到了已经证得阿罗汉的果位之后，还是保留了下来。

所以，要重视习气的问题，因为它不只是关系到我们的生活，甚至对外的社交往来，留给别人的印象良窳，都有着深刻的影响。假如我们平时都能注意习惯的培养，留心举止，改掉恶习，成为一个有气质的人，那么将来无论走到哪里，都会受人欢迎。

【注释】

①憍梵波提：有“牛相比丘”之称。因于过去世，摘一茎之禾，有数颗谷粒堕地，遂于五百世中受生牛身，故尚遗有牛之习性，食

后常如牛之虚哺咀嚼。

②应供：为佛十号之一。指断尽一切烦恼，智德圆满，应受人天供养、尊敬者。本文指接受供养之意。

【思考】

1. 何谓“习气”？

2. 试述习气对人生的影响力。

3. 你如何对治不好的习气？请举例说明。

【延伸阅读——白话百喻经】

过去有一个人与大家坐在屋中闲聊，赞叹某人德行都很好，只有两个缺点：一是喜欢发怒，二是做事欠考虑。被议论的那个人正好从门口路过，听到这些话勃然大怒，立刻冲进屋子里，擒住那个说他缺点的人，挥拳就打。旁边的人问他：“为什么打人？”那人说：“这人说我喜欢发怒，做事欠考虑，所以打他。”旁边的人说：“现在事实已明摆在眼前了，为何还要隐讳呢？”听别人指出自己的过失，就产生怨恨责难的人，难免会使大家怪他愚昧无知。

——（摘录）说人喜嗔喻

两条船

期望无论在哪里，
来往的不只是名和利两条船，
还有一艘慈悲的船。

【提要】

佛陀曾召集随从的弟子，殷切地告诫他们：名闻、利养、恭敬是修道的三关，其害处，能够破持戒的皮、禅定的肉、智慧的骨、微妙善心的髓，因此应该淡而处之。如果执著于金钱名利是毒蛇猛兽，刻意标榜贫穷为清高就是另一种极端，同样会落入了“好名”的陷阱。经典中的维摩诘居士、给孤独长者等，都是善于运用自己的地位、财富来弘法的模范。所以能够在追求名利的同时，不忘慈悲，我们便不至于迷失于名利之中，反而可用名利造福他人。

【正文】

据说乾隆皇帝下江南的时候，有一天，来到江苏的金山寺，住持和尚特别出来迎接招待。乾隆坐在金山寺的客堂里，往外看去，风景很好，尤其江面上来来往往的船只很多，乾隆问道：“请教住持和尚，你在这里住了多久？”

住持和尚说："我在这里住了几十年。"

乾隆说："你每天看到那么多船只，在这江上来来去去，大概有多少艘船呢？"

住持和尚说："我看了几十年，长江上只有两条船。"

乾隆问："怎么会呢？眼前不是有那么多船吗？"

住持和尚说："皇上，真的只有两条船，因为这些船，一条是为了'名'，另一条是为了'利'，所以不管几千条、几万条船在这里来往，总而言之，不是为名，就是为利。"

从这件事，让我们联想到，过去有很多船只在长江上往来，现代天天有一大堆汽车在马路上穿梭，甚至天空中的飞机，也是来来回回、飞来飞去。假如我们套用金山寺住持的看法，那么这许多往往返返、来来去去的交通工具，都只是为了名和利而忙碌奔走。

以人间佛教①的立场而言，常人为了名利而忙碌，并不是错误，只要求得正，方法对，也不算不好。例如：我今天做生意，有不少收入，如果我能把这些从名利中得来的结果，分一点去帮助别人，把工作所得或盈余，拿一部分来行善布施，福利大众，回馈社会，乃至为国家、为世界付出一点心力，那么这两条船即使是为名和利，也不要紧。

现今的社会已经好很多了，因为有很多人是为了世界和平，为了环境保护，乃至为了伸张人权，或是为了弱小民族而奉献、奔忙，也期望无论在哪里，来往的不只是名和利两条船，还有一艘慈悲的船，如果能够如此，这世间就很美好了。

【注释】

①人间佛教：将佛陀对人间的开示、教化，落实在生活里，通过对佛法的理解、实践，增加人生的幸福、美满、快乐。因此举凡佛说的、人要的、净化的、善美的，只要有助于幸福人生增进的教法，都是人间佛教。

【思考】

1. 为什么和尚会说长江上只有两条船？

2. 你如何福利大众，回馈社会、国家？

3. 据你所知，社会上有哪些非营利组织？

【延伸阅读——白话百喻经】

从前有两个人一起种甘蔗，立下誓约："种得好的有奖赏，种得不好的要受重罚。"其中有一个人想："甘蔗非常甜，如果把它压榨成甘蔗汁，再用来浇灌甘蔗苗，这样长出的甘蔗一定会更加甜美，就能胜过他。"于是他就压甘蔗汁来灌溉，冀望长出的甘蔗更加甜美，结果反而使甘蔗苗的根腐烂，所有甘蔗全都死光了。

——（摘录）灌甘蔗喻

饿鬼的毒食

世间的五欲——财、色、名、食、睡，
过分贪求，不懂节制，
就像养肥的鸽子，会有杀身之祸。

【提要】

生活中完全远离五欲，生命无法存在，因此适当的五欲需求，还算正常；如果过分贪恋五欲，就为欲所牵引，尤其过分纵欲，人生的麻烦就会随之而至。五欲当中，有人过分好财，有人过分好色，有人过分好名，有人过分好吃，有人过分好睡，殊不知节欲是生存之道。佛教以希求真理法财来代替财欲，用希求慈悲智慧来代替色欲，用希求道德人格来代替名欲，用希求法喜禅悦来代替食欲，用正当休息来代替睡欲。因为过分纵欲，有害于人；懂得适当地疏导，欲望也是生存之道。

【正文】

“饿鬼的毒食”是释迦牟尼佛过去生修菩萨道时，所发生的一件事，当时他是鸽子群中最有智慧的鸽王。

话说从前有一群鸽子，在鸽群当中有一只鸽王。某日，这群鸽子发现国王的花园里，有很多好吃的东西，为了满足口腹之欲，这群鸽子一窝蜂飞往国王的花园，鸽王想阻止都来不及。正当大家在花园里，吃得很开心的时候，国王就用网子把它们全部捉起来。

看着这一只只鸽子，国王想到有鸽肉吃了，心里很高兴：这么多的鸽子，可以每天喂它们一些食物，等它们长得肥肥胖胖再杀来吃，一定很不错。

鸽子们虽然被国王捕捉了，可是天天看到这么多好吃的东西，就忘记了自身的危险处境。这时候，鸽王警告大家："你们看看自己，吃下了那些好吃的东西之后，每一个都慢慢胖起来。要知道当你胖到差不多的时候，也就是死期到了，国王会把你们杀来吃，知道吗？"

群鸽听了鸽王的话，不禁担忧地问："糟糕了！我们该怎么办？"

鸽王说："所以我叫你们不要吃。"

有的鸽子泄气地说："不吃也不行啊，既然被他们捉来了，反正也逃不掉！"

鸽王安慰大家："会有办法的。从今天开始，你们什么都不要吃，让身体慢慢瘦下去，就有机会逃出去。"

自此开始，所有的鸽子都听从鸽王的话，对那些好吃的东西一概不碰，甚至绝食。渐渐地，一只只鸽子越来越瘦，到后来实在太瘦了，竟然能从关它们的牢笼洞隙中爬出去，一只一只就这么飞走，安然地捡回一命。

鸽王对鸽子们说："国王那些好吃的东西，是饿鬼的毒食。"

"饿鬼的毒食"是指饿得不得了，急着要吃，别人随便给一个含毒的食物，也顾不了那么多就吃下去。可是，因为食物有毒，吃了自然会有伤身害命的灾祸发生。

这个故事的主旨在于告诉我们，对于世间的五欲——财、色、名、食、睡，过分贪求，不懂节制，就像养肥的鸽子，会有杀身之祸，也像吃到“饿鬼的毒食”一样，很危险的。

所以，我们天天在五欲六尘中翻滚，对于这些“饿鬼的毒食”要看清楚，千万不要上当。

【思考】

1. 社会上有哪些“饿鬼的毒食”？
2. 如何节制“财、色、名、食、睡”等五种欲望?
3. 试述阅读本文的感想。

【延伸阅读——白话百喻经】

从前有一位商人，借给一个人半文钱，过了许久，那个人都没有归还，于是他决定前往催讨。途中遇到一条大河，于是他付了两文钱雇船摆渡，到了向他借钱的人家，竟未找到那个人。回来渡河时，又花去两文钱。为了讨回半文钱而失去四文钱，加上路途往返疲劳困乏，债很少，讨债所损失的却很多，结果招来众人的嘲笑。

——（摘录）债半钱喻

法筵留香

当我们面临很多事情，
或者遇上彼此对立、彼此仇视的尴尬场面，
都可以用机智、幽默，轻轻地化解掉。

【提要】

我们形容食物的味道鲜美，令人回味无穷，称为“齿颊留香”，佛陀及历代高僧大德所说的佛法真理，同样令人回味无穷、终身受用，因此可称为“法筵留香”；听闻佛法是一件殊胜的事，所以必须恭谨以待。佛教的信仰建立在理智与慧解上，透过智慧的开展，找回自心本性，发掘心里的能源宝藏，明白一切缘生、缘灭等道理，让自己从愚昧中清醒过来，从束缚中解脱出来，从短暂里找寻永恒，建立一个欢喜自在的人生。

【正文】

“法筵留香”就是佛法真理的筵席，所留下来的香味、香气。这个故事的主角，是位十分善于讲经说法，近代佛教界里鼎鼎有名的“圆瑛法师”。

佛教传统的讲经法会，有一定的宗教仪式，在这样的讲座里，气氛是非常庄严、肃穆的，因为听闻佛法是一种修行，不管是讲说的人，或者听法的人，都要身心端正、搭衣持具，尤其听闻者更要恭恭敬敬地聆听。

在讲经开始之前，有一个仪式，就是听讲者去礼请主讲人，等到主讲人讲完以后，还要有个奉送主讲人离席的仪式。在这些仪式当中，必须要敲一种叫作“引磬”的法器，它是一根手把，上面有个小小的、像小茶杯一样的磬子，一敲下去，就会发出“当”一声。

这一天，圆瑛老法师在讲经结束之后，维那依照往例大声喊道：“迎请者……”意思是迎请者要打引磬，送老和尚回寮。可是这个维那太紧张了，竟然喊成：“迎请者打老和尚，送引磬回寮。”这是很大的错误，原本应该打引磬，现在竟成了打老和尚。这时候，讲完经的圆瑛老法师，很幽默地说了一句：“不要打，我自己会走回去。”

在这样庄严肃穆的讲经仪式中，维那捅出了这么大的娄子，幸亏老和尚的机智、幽默，一句：“不要打，我自己会走。”轻易地化解了尴尬的场面。

从这里让我们想到：无论是学佛的人，或参禅的人，都可以从禅法里，或从佛法里，培养出高超的智慧。而且这种智慧一旦发挥出来，当我们面临很多事情，或者遇上彼此对立、彼此仇视的尴尬场面，甚至任何的一个困难、窘境，都可以在这种机智、幽默中，轻轻地化解掉。

有一次，佛光山管账的人向大师投诉：“这么多的徒弟，光是每个月看牙齿的费用，就要一二十万，实在受不了。”花费这么多，当然很心疼，可是星云大师却有禅者的机智，讲了一句：“没有关系啦！他们的嘴或许讲不出好话来，但是能给他们一口好牙，也不错啊！”

所以，我们如果能学学禅法，有佛法的机智，生活就会很有意思了。

【思考】

1. 试述本文之大意。

2. 试举一则以慈悲智慧度众的故事。

3. 请分享一则你印象最为深刻的讲演。

【延伸阅读——白话百喻经】

从前有一个人，生活贫穷困苦，替国王做事情，日子久了，身体变得羸瘦。国王见了，很是怜悯，便赐给他一匹死骆驼。穷人把骆驼运回家后，就动手剥皮，他嫌刀子太钝，想找磨石磨一磨，就在楼上找到了一块磨刀石，把刀磨锋利了，就下楼继续剥。就这样，数次往来磨刀，弄得疲惫不堪，最后身体吃不消了，就把骆驼吊到楼上去，就石磨刀。这种做法深遭众人的嘲笑。

——（摘录）就楼磨刀喻

工作是长生剂

一个人要有工作，才能长生不老；

一个家庭的成员，也必须有工作，才能维持。

【提要】

世间大部分的人，每天至少把三分之一的时间用在工作上。有的人把工作当作生计，有的人把工作视为学习，也有人把工作定义为实践理想蓝图的机会。不管如何，我们在工作上都要尽忠职守，认真负责，更重要的是，要有热忱、有力量、有内容，甚至从工作中广结善缘，创造财富，发挥生命更高的价值，实践人生的意义。

【正文】

“长生不老”是古今中外人人梦寐以求的事，在美国有一个年纪最大的工程师，据说已经有一百零二岁，他的名字叫“加南德”。

曾经有人问他：“加南德先生，假如你在三十七年前，六十五岁的时候，就退休不做事了，那么你现在会到哪里呢？”

他回答：“我会到坟墓里。”

加南德的意思是，如果他在六十五岁就退休，如今可能已经进坟墓去了。正因为他在六十五岁以后还继续工作，所以活到了一百零二岁，且能做工程师，可见工作使他拥有生命的养分，让他活得健康长寿。

在中国禅宗里，也有一句话：“一日不作，一日不食。”这是唐朝很有名的百丈禅师所说的。百丈禅师为中国禅宗丛林，立下了清规制度，他一生致力于工作、修行、教导学生，一直到年纪很大了，仍然辛劳不辍。

弟子们都认为百丈禅师应该要休息，不要再做事了，虽然大家都这么劝他，可是禅师还是照常工作。不得已，弟子们只有把师父的工具给藏起来，结果百丈禅师没办法做事，因为没有做工作，禅师就不肯吃饭。

“一日不作，一日不食”是典型的禅宗行者的风范，搬柴运水无非是禅，生活工作皆是修行，所以工作就是禅，生活就是禅，而人也只有在工作当中，才能感觉到：“我还活着。”因此，不管什么年龄，做什么工作，只有当我们有事做的时候，才会感觉到：“我还有用，在这个世间上，我还是有存在的价值。”甚至在劳动中体悟到：“我还活着，我还有生命。”

一个人要有工作，才能长生不老；一个家庭的成员，也必须有工作，才能维持。假如家庭里的成员，个个不做事，不从事劳动，那么这个家庭一定很糟糕，必然是个不健康的家庭。同样，一个国家的百姓，如果都在工作，这个国家必然兴盛；反之，如果失业率很高，这个国家就面临危险，会有很多问题产生。无论国家也好，家庭也好，个人也好，工作就是我们的长生剂。

【思考】

1. 为什么“工作是长生剂”？

2. 试述“一日不作，一日不食”的由来与涵义。

3. 为什么禅宗说搬柴运水皆是禅？

【延伸阅读——白话百喻经】

从前有个人乘船渡海，不小心将一个银盂掉到水中，就想：我现在就在船旁落水处画上记号，暂且舍去，以后再来捞取。过了两个月，到了师子国，他看到一条河，便下水觅寻原先失落的银盂。旁边的人问他：“你要做什么？”他回答说：“我先前丢了一个银盂，现在想找回来。”旁人又问：“在哪里丢失的？”他说：“在船初入海的地方丢的。”旁人又接着问：“丢了多长时间啦？”他说：“两个月了。”旁人又问：“已有两个月了，为何在这儿寻找？”他说：“我丢失银盂时，曾在船旁画了记号，原初所画的记号，与此处无异，所以就在这里寻找。”旁人又接着说：“记号所指水面确实没有差别，可是你以前丢失的地方是在那边，如今却在这里寻觅，怎么可能找得到呢？”周围的人听了，无不哄然大笑。

——（摘录）乘船失盂喻

第三章

莫忘己心

到了最后，当我们要离开这世间的时候，

什么东西都带不走，只带了一大堆恶因恶果。

【提要】

身体生病，吃药打针也许就能痊愈，但是，如果心理或思想中了毒素，则如病入膏肓。思想上的毛病，莫过于见解错误。佛教所谓五种邪见，指一个人有了错误的见解而又执著不舍，是严重至极的病症。一般人都相信自己的眼睛，以为自己双眼所见绝对不会错。其实眼睛看到的不一定就正确。我们看一般木匠吊线测量水平，都是只用一只眼睛来看，可见一眼比两眼正确；甚至不用眼睛看比用一只眼睛看，又更真实。不用眼睛看，而用心来看，让心不生病，才是最究竟的。

【正文】

善忘，就是很容易忘记。据说鲁哀公曾经问孔子："听说有一个人在搬家的时候，竟然连自己的妻子都忘记带走，有这么一回事吗？"

孔子说："岂止是忘了妻子，他连自己的身体都忘记带走。"这在说明什么呢？的确，很多人都很健忘，尤其严重到忘记自己的身体，譬如：熬夜、通宵游荡，或者是乱吃、暴饮暴食、饮酒作乐，乃至吸食毒品等，这些行为无一不是在伤害自己的身体。

虽然我们明知后果堪忧，可是却经常胡乱吃些有害身体的东西，乃至生活作息不正常，不爱惜自己的身体，这都是忘记自己的身体。除此之外，佛法里还提到更严重的，就是忘记自己的心。

什么是忘了自己的心呢？譬如：嗔恨、生气。我看不惯这个人，心里就生气；那个人不合我的意，就发脾气恨他，甚至把“恨”的这一念，时时刻刻记在心里，然后计划什么时候要报复。心里很少想一些好事，或者是对别人有益的事情，常常都在盘算，怎么样去侵犯别人，如何占别人的便宜等。现今社会上有些青年的犯罪，常常是在这种“没有了，好，我就去抢”“看不顺眼，我就打你”的心态下发生的。

诸如此类的心念，个个都是毒素。让毒素存在心里，当然对我们的身心，是个很大的伤害。尤其，根据医学研究，心受到毒害，会影响我们身体的健康，因此身上容易长东西，器官也就跟着生病了。所以，佛法才说：更严重的，是我们忘记了自己的心，忘记这些残害身心的毒素。

如果我们的身心，一天天被这些不好的毒素给污染，那么到了最后，当我们要离开这世间的时候，什么东西都带不走，只带了一大堆恶因恶果。所以，不要善忘，千万记住时时爱惜自己的身心。

【思考】

1. 什么时候你会忘了自己的身体和心？

2. 你如何管理自己的心？

3. 生活中有哪些是残害身心的毒素？

【延伸阅读——白话百喻经】

从前有一个人，议论国王的过失和罪恶，他说："国王太凶恶残酷，治理政事又没有方法。"国王听到这些话，勃然大怒，竟不追究清楚是谁说的，就听信身边佞臣的谗言，捉来一位贤臣，下令剥开他的背脊，割取他一百两肉。后来，有人证明他没有说这种话，国王心中便后悔了，取来一千两肉，用来还给遭殃的贤臣。这位贤臣夜里呻吟不止，国王听见了，就去问他："你为什么这么痛苦呢？取你一百两肉，还给你十倍的肉，还不满足吗？为什么还痛苦呢？"旁边的人回答："大王，如果砍掉臣子的头，即使给一千个头作为补偿，也免不了一死。如今他虽得到十倍肉的补偿，却免除不了苦痛啊！"

——（摘录）人说王纵暴喻

第二支箭

人生的旅程上，有忧悲苦恼，

也有顺逆苦乐，每个人都一样。

【提要】

在佛陀时代，印度思想界风行一些形而上的论题：“世界是常，还是无常？”“人死后是存在，还是不存在？”僧团中也有弟子，对这些问题感到好奇。有个名叫摩罗迦的弟子，便一再向佛陀提出这些问题，然而佛陀对于弟子的教导，着重于解决人生问题，凡是和了脱痛苦、成就慧命没有关系的学问，都被佛陀视为无意义的议论，不应为此浪费时间，所以佛陀便以“第二支箭”的譬喻，指出沉溺于知识上的纯粹辩论，是一种愚行，应把握时间好好修行，才是正确的。

【正文】

“第二支箭”这则譬喻，是出自于《杂阿含经》十七卷里，既然名为第二支箭，当然就有第一支箭，事实上当我们来到这世间，出生的时候，就已经中了第一支箭，中箭的感觉是非常痛苦的。

人生的旅程中，有忧悲苦恼，也有顺逆苦乐，每个人都一样。

尤其，这种苦乐顺逆，忧悲苦恼，非常平等，不管有钱没钱，大家都有忧愁，也有快乐，也会生老病死。

我们常在路上看到，某些人坐在高级的豪华轿车里，没有车坐的人，或许会觉得很羡慕，想到别人拥有那么多，自己却一无所有。事实上，不必伤心，也不必羡慕，这些坐在豪华轿车里的人，一样会生病，一样会烦恼，一样有很多的挂念与忧愁，这些大家都相同，或许他的忧愁、挂念，比你我还多呢！

所以，人生来会遇到各种忧愁烦恼，已经是中了第一支箭，这是无可奈何的。现在最重要的，就是不要再中第二支箭。如果我们本身有修养，乃至有信仰、有佛法，虽然一样有忧悲苦恼，一样有生老病死，但我们会小心。因为当我们面对忧悲苦恼时，不会去怨恨，甚至会想办法远离它、放下它，不会因为忧愁疾病，而裹足不前，所以一个有修养、有信仰的人，是不会再中第二支箭。

相对地，一个人平时缺乏信仰，也没有人格道德的修养，如果有了忧愁，或发生痛苦的事情，这个人必然会想："是谁导致我这样？是谁把痛苦加诸我身上？我真怨恨，我一定要报复，我一定要制裁对方。"如果有这样的想法，就是中了第二支箭，尤其一旦付诸行动以后，那就是在第一支箭留下来的痛苦中，又制造了更多的痛苦，辗转不能停息。

因此我们要警惕自己，忧悲苦恼时不能中箭，即使处在荣华富贵、情爱甜蜜里，也不能中箭。或许有些人很幸运，一生拥有许多，但千万不要去执著。该放下的时候就要放下，如果因为放不下，而生起执著心，那就是中了第二支箭。所以，人生的第一支箭，我们已经没有办法预防，现在最重要的，就是如何疗伤，如何预防不要再中第二支箭，这点很要紧。

【思考】

1. 何谓“第一支箭”？

2. “第二支箭”是在比喻什么呢？

3. 处于荣华富贵时，如何预防不中箭？

【延伸阅读——白话百喻经】

过去有位妇女，已经有一个儿子，还想要再生一个，就问其他妇女：“有谁能使我再生一个儿子？”一位年老的妇人就对她说：“我能实现你求子的愿望，但必须祭祀天神。”她问：“祭祀天神需要用什么东西？”老妇人说：“杀了你的儿子，取他的血祭祀天神，一定能使你得到很多儿子。”这妇人就听信了她的话，准备杀自己的儿子。旁边有一位聪明人，讥笑骂詈她：“真正愚痴无知的人才这样做。还没有生出来的儿子，都还不知究竟能不能得到，怎么能杀掉现有的儿子呢？”

——（摘录）妇女欲更求子喻

野狐禅

老师肩负着教学的责任，

关系到学生的心灵成长与未来，

因此为人师长不能迷迷糊糊、随随便便讲话。

【提要】

生活中，有时因为一句话，就能让人转迷成悟。尤其是在迷惑不解、进退维谷之际，有可能会因一句话而豁然开朗；就如同文中百丈怀海禅师因以“不昧因果”一转语，使一位行者脱离五百世野狐身。依佛教基本教说而言，深信因果为正传之佛法，乃一种大自然之法则。所以我们不可妄加分别臆度或否定，如能深信此法而依此修行，则为成佛之道！

【正文】

在禅宗里，有所谓的如来禅[①]、祖师禅[②]、老婆禅[③]，本篇说喻里，则是与狐狸有关的“野狐禅”。

百丈怀海禅师是唐朝非常有名的高僧，后来禅宗道场里的规矩，就是由他制定。据说，百丈怀海禅师经常对学生开示如何参禅，有一天他上完课说：“好了，大家都可以走了。”

可是，有个老人家却一直站在那里，迟迟不肯离去。

百丈怀海禅师觉得奇怪，问道：“你怎么不走呢？”

他说：“禅师，我不是人，我是狐狸。”

禅师一听，就问：“你有什么事情吗？”

他说：“其实，我是后山的一只狐狸，一直在这里听你说法。过去世我也曾经是一位学禅的禅师，可是有一次某人问我：‘一个有大修行的人，是不是可以不受因果的约束？’我当时告诉他：‘大修行者，不落因果。’就因讲错这句话，堕入畜生道，五百世来都现狐狸身。不过，毕竟还是有修禅的根机，所以仍有机会来这里听你说法，希望禅师慈悲给我一个指引：究竟大修行的人，是不是不落因果？”

百丈怀海禅师说：“不是不落因果，是不昧因果④，就是‘落’与‘昧’一字之差。”

狐狸听到这句“不昧因果”后，说：“禅师，我懂了，感谢你让我转迷成悟，我终于可以脱离畜生道了，明天麻烦禅师到后山替我收尸。”

第二天一早，百丈怀海禅师来到后山，果真见到狐狸的尸体。

因此，禅门里很在意老师对学生的指导，不能随意乱讲，就像故事里的狐狸，只因一字之差，落入畜生道，做了五百世的狐狸。

身为老师肩负着教学的责任，关系到学生的心灵成长与未来，因此为人师长不能迷迷糊糊、随随便便讲话。“野狐禅”就是一个非常具有教育意义的公案，同时也告诉大家在禅法修行的指导上不能轻忽随便。

【注释】

①如来禅：指顿悟自心本来清净无有烦恼，具足无漏之智性，

且此种清净心与佛无异，此心即佛。

②祖师禅：又作“南宗禅”。指禅宗初祖菩提达摩传来，而至六祖惠能以下五家七宗之禅。主张教外别传，不立文字，不依言语，直接由师父传给弟子，祖祖相传，以心印心，见性成佛。

③老婆禅：禅林中，师家接引学人时，一再亲切叮咛之禅风。师家当依学人根性，善巧接化；若一味说示，过分关切，恐有碍学人自行探索，开发智慧之机会。

④不昧因果：不能违背因果。

【思考】

1.“不落因果”与“不昧因果”有何分别？

2. 当老师遇到不会回答的问题时，该怎么办？

3.“野狐禅”给你什么启示？

【延伸阅读——白话百喻经】

过去有一位长者的儿子，入大海打捞沉香木。经过一年，才打捞到一车，并把它运回家，送到市场卖。由于价钱比较昂贵，一时之间没有人来买。过了许多天都销不出去，内心感到疲厌，苦恼不堪。后来，他看到别人卖木炭，很快就卖出去了，便想：不如把沉香烧成炭，就可以很快卖掉了。于是就将沉香木烧成炭，推到市场卖了，一车沉香得到的却不值半车木炭的价钱。

——（摘录）入海取沉水喻

顽石点头

我们不灰心，坚持教育的热忱；

只要我们努力不懈，用心去对待，

即使是顽石，也终会有点头的一天。

【提要】

“生公说法，顽石点头”，生公说了什么法？没有人知道，但是“顽石点头”，却给我们很大的启发：花开了、花谢了，不是都在述说“无常苦空”的道理吗？人生了、人死了，不是在述说生命的轮回流转吗？人如果有悟性，日月星辰、山河大地，每日都在向我们无言说法！

【正文】

“哎呀！这个顽石终于点头了。”这句话的意思是教化的功力很深厚，终于感动对方，改变了他的心意。

“顽石点头”的譬喻，源自于东晋时代，一位高僧名叫道生，当时正在宣讲《涅槃经》，对于经文里有句话，以他的理解，认为一阐提应该可以成佛。什么叫作“一阐提”？就是断了善根的人。对于这种断了善根的人，绝大部分都主张：“既然没有善根，这个人就不能成佛。”然而，道生大师对此却有着截然不同的看法。

通过对经文的理解，他认为即使是断善根的一阐提也能成佛。可是，大家对于道生大师的看法并不认同，最后他只好独自来到苏州的虎丘山修行，并且捡了很多很多的石头摆在面前，终日对那些石头讲说佛法。他一再强调、说明断善根的一阐提也能够成佛，据说到后来，这些石头一个个都点头认同，这也表示道生大师教化的功力深厚，连顽固不堪的石头都能够点头接受。

从这件事例中，也让我们反省到，平常自己的所作所为，是不是有时候也会得不到别人的认同？这时候，要好好检讨，假如是自己的主张不对，那么放弃执著，勇于改过；反之，如果自己对真理的信仰是正确的，就要坚持到底。

譬如：我们讲究因果，相信做好事会有好报，做坏事一定有恶报。

假如有人邀约：“我们去抢一票。”

赶紧回拒对方：“不行啊！那是坏事，会有报应的。”

有时，对方会再劝诱：“没有这回事，反正抢一下，往后日子就很好过。”

对于好的、正确的，我们要择善固执，坚持到底，哪怕天下人都不认同，我还是非坚持不可。

此外，从“顽石点头”的譬喻中，可看到对教化工作的启发。道生大师是个出家人，负有教化世间的责任，即便对于顽石，他都不愿舍弃，使尽智慧、口才来感化它们。从事于教育工作的我们，是否也有相同的使命感？

事实上，不仅仅是老师负有教化责任，就是技艺的传授者，或者是父母对子女，一样肩负有教育的神圣使命。一个有教育责任的人，即使学生的态度像石头一样，冥顽不灵；即使学生的反应像石头一样，愚蠢无智；即使学生的表情像石头一样，冷漠无情——只要我们不灰心，坚持教育的热忱；只要我们努力不懈，用心去对待，相信，即使是顽石，也终会有点头的一天。

【思考】

1. 试述“顽石点头”的典故。

2. 你认同“阐提能成佛”之说吗？为什么？

3. 当自己的主张或意见无法得到别人认同时，你如何面对？

【延伸阅读——白话百喻经】

过去有一个贼，潜入富人家里行窃。他偷得一些花纹色彩精美鲜艳的丝织品，就用来包裹破旧的粗布衣，这样做被有见识之人所取笑。

——（摘录）贼偷锦绣用裹氀褐喻

井中捞月

走在修行的道路上，必须有明师指导，

否则不但无法走上佛道，

反而会误入歧途，白费一番苦心。

【提要】

这则譬喻是出自《摩诃僧祇律》，佛陀借提婆达多前世为猴王，率众井中捞月，结果一一坠井的故事，来说明邪见导人的弊害；今人以此比喻根本做不到，纯属幻想，白费力气的事情。现代人，由于迷于外境尘劳，而失去本自具足的真心，就如赵州禅师，八十岁时出外行脚，及至归来，才知道空费了草鞋钱；人们一味地向外追求，往往走了许多冤枉路后，才知道汲汲追求的宝藏，其实就在自己心中。

【正文】

"井中捞月"[①]照字面上的意义，是到水井里捞月亮。这则譬喻主要在说明：错误的引导，会导致杀身之祸，且使办事徒劳无功，修行空忙一阵，白白浪费了草鞋钱。

这个典故出自佛教的经典，据说有一只猴王，带着猴群，四处游玩。这天晚上，猴群来到了树林里，当大家正准备要休息的时候，赫然发现附近有一口井，而且，月亮竟然掉到井里去！猴子看了以后很吃惊，心想："不得了，月亮应该在天上，现在掉到水井里，怎么办呢？"

猴王说："赶快！赶快！救月亮！我们快把月亮救起来，好让这世间明亮依旧。"

旁边的猴子问道："大王！怎么救法呢？"

猴王想一想，说："有了！就这样吧，我吊在树干上，然后你们一只接一只，抓住前一个的尾巴，就这样辗转相抓，到了最后一个，就可以伸手到井里，把月亮捞起来。"

猴王这么一指示，猴群立刻照着做。

猴王挂在树干上，其他的猴子一只接着一只，抓着尾巴，一直连接到井里要捞月亮。可是，猴子相接成一长串，实在太重了，猴王手里的树干，终于撑不住这些猴子的重量，"咔"一声断掉了，这一断，所有的猴子统统掉到井里淹死了。

这是佛陀为教诫弟子所说的譬喻故事，意指当我们在选择宗教信仰时，假如跟随一个不正确、邪知邪见的老师，不但修行不成，还会落得像猴子一样的下场，统统掉到井里淹死了，所以要慎选我们所信仰的宗教。

曾经有个人想尝试佛教所说的断食[②]，他也四处宣说断食修行的好处，但是断食有一定的步骤方法，乃至个人的身体状况合不合适，都必须加以考量；还有，断食对修行究竟有多少功效，也需要想一想；然而，这个人欠缺思量，胡乱断食，结果不但不得其法，还弄得胃出血，必须住院开刀。

这就像猴王一样，错误的引导，反而促使大家走上灭亡之路。此外，譬喻中还提到："井里捞月，有用吗？"当然没有用，只是徒劳一番，没有结果；再者，月亮怎么会掉到井里去呢？所有的我见我思都是错误的。因此，走在修行的道路上，必须有明师指导，否则不但无法走上佛道，反而会误入歧途，白费一番苦心，又修不出结果来。所以，佛门里说："能够跟随一位善知识，或是跟随一位好老师，可以说已经成就了一半的道业。"

【注释】

①井中捞月：譬喻以邪见引导人。

②断食：指为祈愿或成就修行，而于特定期间内断绝饮食。

【思考】

1. 试述"井中捞月"的涵义。

2. 叙述一则因错误引导而造成的事件。

3. "井中捞月"的故事，让你有什么启发？

【延伸阅读——白话百喻经】

从前有一位愚痴的人，生吃胡麻子，觉得味道不好，就把胡麻子炒来吃，感觉味道很好，心里就想：不如将它炒熟再种到地里，以后就能吃到这样好吃的胡麻子了。于是就把全部的胡麻子炒熟后再种到地里，当然就永远长不出胡麻子了。

——（摘录）种熬胡麻子喻

洗身洗心

当我们每天洗澡去除色身的油垢时，

不要忘记心中也需要洗一洗！

【提要】

印度迦毗罗卫国的王后，摩耶夫人于农历四月初八生下了悉达多太子，四天王以香汤浴太子身。《普曜经》亦记载，悉达多太子降诞人间，九龙以香水浴圣尊。后来佛教徒为庆祝佛教教主佛陀诞生，举行浴佛法会，借着浴佛来反省净化我们自己的内心，因此浴佛主要是在净浴我们的心。每个人生活在世间，因心中贪、嗔、痴三毒经常起惑造业，而让身心不清净，唯有借着佛陀的智慧法水来涤除我们身心的污垢。

【正文】

洗澡是我们每天都要进行的一项工作，尤其对台湾人而言，处在亚热带的海岛气候之下，一整天活动下来，身体十分黏腻，能够好好洗个澡，让自己身心舒服，也是一种享受。因此，在各个家庭里，乃至外面的澡堂，也都十分讲究卫浴设备，希望借着洗澡沐浴，能够把我们一天的疲劳、污垢给洗净消除。

然而盥洗之后，身体是干净了，可是我们的内心是否也一样清洁呢？有时，到澡堂里泡澡，结果却在那里东家长、西家短、发牢骚、骂主管，最后身体是干净了，可是心里的垃圾却因为反复回熏而增加，这样真的比较舒服吗？没有，反而带回了一堆的是非、一心的尘劳，造成了反效果。所以，我们既然知道要清洗外在的身体，更应该注重内心的洁净。

佛图澄是中国佛教史上很有名的高僧，他原是西域龟兹人，为了弘法度众，不惜翻山越岭，冒着九死一生的危险来到中国。当他抵达中原时，正值十六国时期，天下大乱，人人都想称霸、称王，企图心、贪欲心十分强烈。有一天，佛图澄示现神通，在河边清洗内脏，这个举动引起许多人的好奇，他们心想："这个和尚在做什么呀？"于是，佛图澄意味深长地对大家说："我要把心给洗一洗！"

对啊，在这样动荡的时代里，人人心中充满了嗔恚，到处都在抢钱夺权、侵土掠地，真是十分丑陋，是该把心给洗一洗。此外，寺院里的十八罗汉当中，有一位开心罗汉，他双手扳开胸口，把心给掏出来，让强盗看一看他心里是否有佛？他内心是否清净？其实，修行的目的就是要把污浊的心给洗干净。那么，我们应该如何来洗心呢？

一、发心：有些工作其实是很不公平，很难让人接受的，但是只要我们想到发心吧！这么一来，心里面不舒服的垢味，自然就会去除。

二、惭愧：《佛遗教经》云："惭耻之服，于诸庄严最为第一。"惭愧是什么？例如："我领了这么多薪水，老板待我这么好，我实在更应该努力！""好惭愧，我对太太、孩子的照顾实在不足啊！"

有了惭愧的心，就不会比较、计较、心生不平。

三、宗教信仰：当我们心中有了烦闷、委屈、苦恼的时候，可以到教堂祷告，或到寺庙诵经、拜佛、打坐，借此洗心除尘，恢复宁静。

所以，当我们每天洗澡去除色身的油垢时，也不要忘记心中也需要洗一洗哦！

【思考】

1. 佛图澄大师在河边“洗心”的用意为何？

2. 本文提供哪三个洗心的方法？

3. 为什么宗教信仰可以洗心除尘，恢复心灵的宁静？

【延伸阅读——白话百喻经】

从前有一个人，办事需要火和冷水，于是就留下过夜的火种，又用盆盛水，放在火上。后来他想取火时，火已熄灭；要用冷水时，水又变热了。就这样他要的火和冷水，都没有得到。

——（摘录）水火喻

半杓桥

百千微妙的修行法门，一切都在方寸之间；

恒河沙数的无尽功德，全部来自心源里面。

【提要】

现今，全球性环境污染和生态环境的破坏，使全球气候异常，地球温度升高，各地洪水旱灾频传，粮食生产也因而短缺。未来，人类将面对缺水缺粮的危机。唯有“留一点给子孙”的用心，学习韩国农民“留柿养鹊”的觉醒，爱护地球，让地球能活得长久，我们的子子孙孙，才能在地球上安居乐业。

【正文】

在日本曹洞宗①的总本山永平寺境内有座半杓桥，过了桥有一座石门，上面刻着“杓底一残水，汲流千亿人”的对联，这两句话究竟是什么意思呢？

日本曹洞宗的开山祖师道元禅师，曾到中国来留学，他回日本以后，创立了曹洞宗，建造永平寺，并以正法眼藏②的佛法，作为他传道的禅。

据说道元禅师在永平寺里生活，每次用水的时候，舀起了一杓水，总会留下一点，再倒回山谷里，一旁的弟子看了，心中觉得很疑惑。

有一天，弟子终于忍不住请教他，道元禅师很自然地说了一句："倒回山谷的那一点水，是要留给将来的子孙用。"

所谓"子孙"是指一切的众生，因为道元禅师心中有一切众生，有佛的慈悲，所以这份悲心，不但让他照顾眼前的众生，也关怀到未来的众生。直到今天，道元禅师的禅法已经传了七百多年，不知为多少的芸芸众生，解除了贪嗔痴的渴爱，带领大家迈向了生脱死的境地。

禅宗四祖道信禅师曾说过："百千妙门，同归方寸；恒沙功德，总在心源。"意思是修行要在哪里修？百千微妙的修行法门，一切都在方寸之间；功德要在哪里做？恒河沙数的无尽功德，全部来自心源里面。

我们修行做功德，不一定指捐钱或给物品，在行住坐卧、饮食起居之间，随时随地都可以做功德，就像道元禅师在举手投足间，以杓子里的一点水，留给后代千千万万的子孙一般。

同样，如果大家都能学习道元禅师的精神，抱持着"留一点给后代子孙"的观念，就不会那么浪费奢侈。甚至当我们在公园里散步，看到美丽花草，假如有着"留一点给后代子孙"的观念，那么这些公共设施、美丽景色，就能得到爱护，而留给后人享用。

所以，如何修行，如何做功德，完全在我们的一颗心，只要有心，就是半杓水，也能做出恒沙的功德！

【注释】

①曹洞宗：禅宗五家七宗之一。相传取六祖曹溪惠能及洞山良

价之号。

②正法眼藏：又作“清净法眼”。即依彻见真理之智慧眼，透见万德秘藏之法。指由佛陀辗转传至达摩，以心传心，由师父之心传至弟子之心。

【思考】

1. 何谓“功德”？如何实践？
2. 你想为后代子孙留下什么？
3. 本文给你什么启示？

【延伸阅读——白话百喻经】

从前有一个人，想讨国王的欢喜，就问别人：“怎样做才能讨国王欢心？”有人告诉他：“如果想讨国王欢喜，就应当效仿他的仪态举止。”这人听了之后，就到国王住所，看见国王总是眨眼，于是就仿效国王眨眼。国王就问他：“你眼睛有病吗？还是被风吹着啦？为什么眼皮眨个不停？”这人回答：“我眼睛没病，也没着风，只是想得到您的欢喜，看到国王眨眼，所以也就学着眨眼。”国王听了这话，勃然大怒，立刻命人对他施加各种惩罚，并且下令把他赶出这个国家。

——（摘录）人效王眼瞤喻

慈悲的样子

真正的慈悲不一定慈眉善目，

有时怒目金刚也是一种慈悲。

【提要】

《增一阿含经》说："诸佛世尊，成大慈悲，以大悲力，弘益众生。"诸佛菩萨能够度众不倦，就是因为有慈悲为原动力。慈悲可以化解嗔恨，慈悲可以积聚福德。有了慈悲，人生充满意义；有了慈悲，世界才能和平。因此，我们要以自他互换的立场来培养慈悲心，对于周遭的人多一分鼓励、关怀、体贴、开导，也就多了一分慈悲心。

【正文】

一般人大多以为慈悲就是非常温柔、非常慈祥，事实上，在佛教里，菩萨低眉固然是一种慈悲，可是有时金刚怒目，也不失为有力的慈悲！好像宇宙之间，春天的和风，夏天的雨水，虽能使万物生长；秋天的严霜，冬天的寒雪，更能使万物成熟，所以菩萨低眉、金刚怒目都是慈悲。

过去，日本的高山寺里，住着一位非常慈悲的出家人——明惠上人[1]。他很爱护众生，哪怕只是一只小小的蚂蚁，也都十分护念。

有一天，寺里忽然跑来一头鹿，明惠上人看到连忙说："哪里来的鹿，快把它赶出去！"

他不但召唤弟子们驱除，自己也拿起拐杖来赶鹿，态度十分坚持。

弟子们看到师父这样的行径，心中大感疑惑："奇怪，平时师父那么慈悲，连蚂蚁都十分爱护，为什么今天见到这头鹿，却如此严厉，不但不给它东西吃，还拿楞杖追打，要把它赶走呢？"

弟子们议论纷纷，明惠上人耳闻此事，便集合大众，说："这头鹿原本就住在山林中，如今因为迷路才来到寺院里。假如我们因此而收养它，将来它和人类熟稔了，会失去警戒心。往后再遇到其他人，也不懂得逃避，可能会因此而丧命。所以，赶它走，让它回到原来的地方，这才是真正的慈悲。"

过去佛教常说要"放生"，然而到了现代的环境，随意地放生，究竟是放生呢，还是放死呢？

许多家庭都有养宠物的习惯，甚至有的人还在狭小的屋子里，饲养猴子、老虎、鳄鱼等，这些动物应该是活在大自然的世界里。如果我们真的爱护它，就应该让它们回到自己居住的地方，因为只有这样才能具足生存的条件。离开了它们本来居住的场所，来到人类的家庭，只有提早走上灭亡之路。

所以，真正的慈悲不一定慈眉善目，有时怒目金刚也是一种慈悲。希望明惠上人的智慧，能给所有放生的人一个学习的榜样。

【注释】

①明惠上人：日本华严宗之中兴祖师。从诸师学华严、密教，

且于纪伊之白上峰苦修；其后于日本高雄山宣讲《华严》。

【思考】

1. 为什么明惠上人会拄杖驱赶鹿?

2. 请描述你心目中“慈悲的样子”。

3. 简述“放生”的意义。

【延伸阅读——白话百喻经】

过去有一个人，遭到国王鞭打，就用马粪敷在伤口上，想让伤口早点愈合。有个愚蠢的人看见了，心里很高兴，就说:“我很快就能学到这个治疗伤口的方法了。”回家后，他立刻对儿子说:“你拿鞭子抽打我的背，我得到了一个治疗鞭伤的好方法，现在想试一试。”于是儿子就用鞭子抽打他的背，再用马粪涂在伤口处，自以为得到了好的妙方。

——（摘录）治鞭疮喻

癞痢狗

想要解决个人的问题，
得从自己的身上去寻找，
这才是真正的解决之道。

【提要】

生活中遇到瓶颈，面临山穷水尽时，总会产生许多负面的情绪。然而，不平、埋怨、愤恨，只会带给自己更多的痛苦与不安。古云："行有不得，反求诸已。"若能自我审查、反观自省、自我观照，跳脱惯性的思考模式，以理性、冷静、客观的态度看待身旁的人、事、物，也许会发现问题的症结，而出现柳暗花明的契机。

【正文】

生活里，常听到有人这样说："我晚上睡不着，恐怕要换一张床，或换个枕头。"有些人工作不顺利，会觉得"我运气不好，要换个工作"；有时候，家庭不和，不自觉就想到"一定有第三者介入"。无论是家人之间、朋友之间、情侣之间，感情上稍微有了一点变化，第一个联想起的，总是有什么人介入。

从上述的例子来看，好像很多的挫折、问题，都是因为别人的因素而引起的，自己似乎不需要负什么责任，可是，这样的想法真的对吗？把责任归诸别人身上，问题就解决了吗？睡不着，换一张床，换个枕头，真的就能安然入睡吗？运气不好，不喜欢这份工作，如果让你一而再地换工作，真的就能找到一份好工作了吗？甚至家庭不和谐，真的是第三者介入吗？自己有没有过错呢？当我们面对这些事情时，真该好好想一想，检讨一下自己。有时，一味地怪罪于别人，是不能解决问题的。

佛经里有这样一个故事：

有一天，佛陀带着弟子们到树林下打坐，正当佛陀说法的时候，一条狗从树林下的木屋跑出来，不久它又呼啸着跑进去；本来，大家都以为它跑进去就没事了，没想到，过了一会儿，它又跑出来躺在石头上；躺了一下子，又觉得不对劲，马上再换一个地方。就这样，这条狗一会儿跑到树下，一会儿躺在石头上，过没多久，又跑到穴洞里，跑来跑去，换来换去，没有一个时刻是安定的，没有一个时段能静静地栖息在一处。

这时候，弟子们觉得很奇怪，就问佛陀："这条狗为什么这样？是不是这个地方不适合它。"

佛陀说："不是地方不适合它，事实上，它所找的每个地方都很好，之所以无法定下心来，是因为它身上长满了疮，无论是趴在草地上，躺在石头上，待在树林下，甚至卧在石洞里，都觉得不舒服。同样，众生到处都不能安住，并不是那个地方不好，而是自己心里起了烦恼，有了问题。"

所以，睡不着的症结不在床，可能是我们的身体或心理有了问题；家庭不和谐，家里每个成员都要检讨；工作不顺利，要反观自己，不是把责任归咎到别人身上。犹如那只癞痢狗，想要解决个人的问题，得从自己的身上去寻找，这才是真正的解决之道。

【思考】

1. 文中的癞痢狗为什么找不到适意的住所？

2. 试分析现代人无法安住的因素有哪些？

3. 你曾经为了什么而失眠？

4. 请撰写一篇读后心得。

【延伸阅读——白话百喻经】

从前有一个人，他的妻子容貌端正，只是鼻子难看。这个人外出时，看见另一妇女长得面貌端正，鼻子也很好看，就想："如果把她的鼻子换到我妻子的脸上，不是很好吗？"于是贸然地割下那妇女的鼻子，捧回家去，急忙地喊他妻子："你快出来，给你换个漂亮的鼻子。"他妻子一出来，马上就割下她的鼻子，旋而又将那妇女的鼻子安到妻子脸上。结果新鼻子安不上去，又失去原先的鼻子，平白地使妻子受到极大的痛苦。

——（摘录）为妇贸鼻喻

手上的腥味

在学习的过程中，要注意周遭的环境，
以及自己所结交的朋友，往来的人士，
这些都会影响到我们的未来。

【提要】

《佛说孛经》说“友有四品”：有友如花、有友如秤、有友如山、有友如地。其中“如花”“如秤”的朋友，都只能共享荣华富贵，不是患难之交；“如山”的朋友，有很多内在宝藏可以挖掘，能让我们受益；“如地”的朋友，能为我们担当一切。浮山法远禅师亦曾说：“古人亲师择友，晓夕不敢自怠。”要结交有正知正见、有品德、能合群的朋友，才能互相学习、成长，自己也成为别人心目中如山、如地的朋友。

【正文】

有一天，佛陀带着阿难到外面托钵，回来的时候，经过一间卖鱼的店门口，佛陀说：“阿难，那边有一条绳子，把它捡过来。”

阿难照着佛陀所说的话去做，手里拿着绳子，问道：“佛陀，现在该怎么办？”

佛陀说："把它丢了。"

"这是为什么？"阿难问。

"把它丢了。"佛陀又说。

等阿难把绳子丢弃之后，佛陀说："你闻闻自己的手。"

"哇！"这一闻，阿难说："怎么腥味这么重呢？鱼腥味很难闻啊！"

佛陀说："因为刚才那条绑鱼的绳子，经过你的手，所以鱼腥味附着到你手上。"

一个刚出家学道的人，跟谁做朋友很重要，因为朋友的习气会影响到你的身心。

如果常和坏朋友在一起，坏的习气自然如同鱼腥味般，附着在我们的手上，渐渐地连身心，都沾染了这个味道。假使今天捡到的绳子，是一个花店绑花的绳子，那么我们的手，就是另一种味道了。

所以，学道的人应该注意跟什么样的人往来，尤其在道业尚未坚固时，要特别重视交往的对象。

西方哲学家也曾说过："人性有一种本能，就是把心念投注到什么上面，久而久之，就会被同化。"

的确，如果我们看看在菜市场工作的人，做个五年、八年之后，不要说他身上有菜市场的感觉，就是他讲话措辞、举止行动，都有菜市场的味道。所以，青年人刚进入社会学做人要留心，因为自己交往了什么样的朋友，就会沾染了什么样的习气。阿难也只是把那条绳子，捡起来又丢回去，可是仅这么一次，腥味就那样浓厚，所以一次也不能够轻忽啊！

此外，中国也有句话："近朱者赤，近墨者黑。"孟母三迁也是这个道理。一个人在学习的过程中，无论是自己，或为人父母、师长，都要注意周遭的环境，以及自己所结交的朋友，往来的人士，这些都会影响我们的未来。所以，要芬芳还是要鱼腥味呢？但凭自己选择了。

【思考】

1. 何谓“习气”？

2. 你如何“亲师择友”？

3. 请分享一则“近朱者赤，近墨者黑”的故事。

【延伸阅读——白话百喻经】

从前有一个人，生活贫穷困乏，给别人做活，挣得一件粗布衣，就穿上了。有人见了，就对他说：“你出身高贵，是贵族的后代，为什么穿这样粗糙破旧的衣服呢？现在我教你，如何得到上等的衣裳。你照我的话去做，我绝不会骗你。”穷人听了十分高兴，愿意遵循他的话去做。那人就在穷人面前燃起火来，对他说：“现在你可以将身上的粗布衣脱下来扔到火里，最后你将会得到上等名贵的衣服。”穷人立刻脱下粗布衣，扔到火中。烧完之后，便在火堆灰烬处寻觅上等的衣服，结果却一无所得。

——（摘录）贫人烧粗褐衣喻

第四章

啐　啄

“啐”代表学生跟老师学习，

“啄”意味老师教导学生，

师生之间机宜要相应、要投合，教学才会有效果。

【提要】

禅门公案里，常见禅师与修行者的问答，彼此之间是双向互动的。修行者向禅师发问请教，禅师则以各种语默动静给予启发，若机锋相应投合，毫无间隙，称为“啐啄机”。《碧岩录》中便提到：“所以啐啄之机，皆是古佛家风。”现代教学中有“机会教育”，借助日常事物，令原来抽象的道理、学问，变成生动的生活经验，其学习成果比书面的教材更深刻。这也要父母师长抓住适当的时机，做到“观机逗教”，才能达到最理想的教育效果。

【正文】

“啐啄”是什么意思？这两个字旁边都有一个口，表示跟口有关系。

我们都知道，小鸡必须经过母鸡的孵化，才能破壳而出，在这过程当中，母鸡十分注意它所孵化的蛋，而此时在蛋壳里的小鸡，也一点一滴地逐渐长大。直到有一天，蛋壳里的小鸡要出来，这时候它会从里面发出“啐”的声音，母鸡听到了，知道小鸡已经有了动作，正在碰蛋壳，它也会赶快帮忙，用嘴去啄蛋壳，这个动作就叫作“啄”。因此，“小鸡啐，母鸡啄”两相合作之下，小鸡就能顺利破壳而出。

佛教也常把啐啄的譬喻运用在禅宗的教学上，“啐”代表学生跟老师学习，“啄”意味老师教导学生，师生之间机宜要相应、要投合，教学才会有效果。而且老师在教导，学生在吸收，这当中可以说是毫无间隙，密切地连接在一起。

就像蛋壳里的小鸡，一有了动作，母鸡在外面赶紧用嘴去啄，彼此的动作同时进行，很容易成功，且当下没有一点点间隙，所以禅宗里说老师跟学生之间像这般相应起来，没有间隔，教学便会成功。

学习的过程中，不要总是怪老师没把我们教好，因为教与学是双向的。学不好，不是教学者一个人的错，学习成果不高是老师和学生共同的责任。反之，有了很好的学习成效，也是老师跟学生两人之间的合作，像是蛋里的小鸡在啐，外面的母鸡在啄一样，啐啄同时，教、学密切契合，成果自然提高。所以，教学的过程中，师生之间要密切配合，一起努力，这样才能够有很好的学习成果。

【思考】

1. 何谓“啐啄”？

2. 请提供一则成功的教学例子。

3. 请分享阅读本文的感想。

【延伸阅读——白话百喻经】

从前有一个人，很善于牧羊，于是羊越来越多，有成千上万只，但他非常吝啬，从不肯帮助别人。当时有一个人精于诡计，就找机会去和他亲近，成为要好的朋友，对他说：“我现在和你的关系最为要好了，就如同一个人一样，不分彼此，我知道某家有一位好姑娘，我会替你去说媒，让她来做你的妻子。”牧羊人听了十分欢喜，就给了他许多的羊和财物。不久，这个人又对他说：“你的妻子今天生了个儿子。”牧羊人还未见到妻子，听见已生了儿子，心里更加高兴，又给那人一些财物。那人后来又对他说：“你儿子出生之后，现在已经死了。”牧羊人听了这人的话，便大声哭泣，抽泣不已。

——（摘录）牧羊人喻

速食文化

不管哪一样工作，想要有所成，

都必须投注时间和心血，

这是宇宙间不变的真理，因果的法则。

【提要】

世间什么东西速度最快？火车、地铁，乃至飞机，一种比一种还要快；但现在这些都不算最快了，因为它们都比不上雷电、光速；其实，电、光也不算最快，佛法讲人的“心念”最快，心念一动，即刻就可以到巴黎、伦敦、纽约，心念一动，可能回到几十年前，甚至几百年前，心念是超越时空的。然而，在这讲求快速的时代，有些事情还是必须依照程序，付诸具体行动，才能有所收获。

【正文】

在讲究快速的二十一世纪，随着科技的进步，生活中充斥着速食汉堡、速食教学、快速组合屋、快速组合家具等产品，形成所谓的“速食文化”。然而，并非事事都能一蹴可就，而求快求速的社会现象，也让许多人产生错误的认知。例如：只看结果的丰饶，却不知过程的艰辛，以为事事唾手可得，不想踏实努力付出，这实在是种错误的观念。

有一位很想学剑术的年轻人，问老师："以我这样的资质，学会剑道，需要多久时间？"

老师回答："十年。"

年轻人说："十年太久了，能不能快一点？"

老师说："假如你有这种观念，要二十年才能学得起来。"

年轻人说："老师，不行啦！我有父母要孝养，还有家庭要照顾，我可以加倍学习，昼夜不停，您说这样要多久？"

老师说："那就是三十年了。"

看着年轻人纳闷的表情，老师语重心长地说："你知道为什么我告诉你，十年、二十年、三十年吗？因为你一只眼看到名，另一只眼看到利，一心只想快速成就，像这样要学好功夫，是办不到的；一个真正的学剑之人，应该是用心来看自己，不是看别人，更不是着眼在功成名就。"

听完老师的一番话，年轻人恍然大悟，不但改变了自己急功近利之心，也逐步踏实地跟老师学习剑法。

事实上，学习任何事物，都不是即刻能有所成，所谓"一分耕耘，一分收获""种多少的因，收多少的果"。不管哪一样工作，想要有所成，都必须投注时间和心血，这也是宇宙间不变的真理，因果的法则。现今的社会，虽然强调快速便利，然而快速并非就是急速成就，快速一样不能违背因果。

例如：日常生活中，速食面、易开罐饮料、组合家具、组合房屋等产品，使用起来很方便。事实上，产品在组成以前，也是经过一定的作业过程，好比速食面，虽然冲些热开水，加个调味包，泡上两分钟，就可以吃了，然而在成为泡面之前，不知花费了几个小时，甚至几天的辛苦，先把面炸熟，调味包调好，再加上抗氧化剂，防止它坏掉，前置作业的手续，其实不少，只是到了我们面前，见果不见因，开水一冲，就可以吃了。

很多成功的名人都讲过：即使是天才，也得要努力，把天分展现出来；即便有金矿，也要花费时间和力气去开采。

希望我们不要因为速食文化而混淆，忽略每一件事情背后的因果法则。天下没有不劳而获的东西，即使是速食文化也一样要符合因果，因此“想要怎么收获，先要那么栽”。

【思考】

1. 略谈你对速食文化的观感。

2. 为什么年轻人要学三十年才能学会剑术？

3. 何谓“因果法则”？请举例说明。

【延伸阅读——白话百喻经】

从前有两个商人一起做买卖。一个是贩卖真金，另一个贩卖丝织品。这时有位顾客来买真金，卖金者就在火上烧，想测试金子的纯度。丝织品商人，便趁机偷去被烧过的金子，但由于金子炽热的缘故，把织物都烧光了。事情也就败露了，两样东西也就都失去了。

——（摘录）估客偷金喻

烽火观音

每一个生命，无论“有情”与“无情”，

都有生存的权利和空间，应该受到保护与尊重。

【提要】

过去，佛陀唯恐僧团雨季外出，会踩踏地面虫类，而订立结夏安居制度；阿育王广植树林，立碑明令保护动物；天台智者大师开讲《金光明经》，阐扬物我一体的慈悲精神，感化渔猎业者止杀转业。及至现代，除有诸多生态环境等保护团体成立外，政府也立法护生，例如：荷兰政府要求，冬天里每户人家的窗口，应挂上水果杂粮，好让过冬的候鸟有食物可吃；美国也有鸡鸭倒提、牛马拉车过重，主人要受法律制裁的规范。这些作为都是因了解到世间没有比生命更可贵的了。

【正文】

“烽火观音”是指战地里的观音，这位烽火观音就是美国总统林肯，故事是发生在美国南北战争时：

据说有一天晚上，林肯在军营里听到了一阵阵小猫的叫声，他心中觉得很纳闷，就问身边的传令兵：“怎么会有猫呢？”

传令兵回答：“外面有四只小猫，因为母猫在战火中死了，小猫没有奶吃，大概饥饿了。”

林肯对传令兵说：“赶快，多拿一些牛奶给它们吃。”他走到小猫的身旁，将它们轻轻抱起，搂在怀里说：“不要哭，不要哭，这个时候也有很多母亲在流泪，因为她们的孩子在战争中不幸去世了。不过你们是幸福的，要感谢神，因为你们不知道战争。”

林肯的这些动作，一旁的副官从头到尾看在眼里，心中十分感动。从这个细微的地方，就可以看出林肯为黑人争取平等自由的慈悲心，在他的心中，无论白人、黑人，甚至连小动物，所有的生命都是平等的，都一样尊贵。也由于林肯具有这种大慈大悲的无畏精神，以及悲天悯人的柔软心肠，才有资格来领导有志之士，为黑人谋取福利，直到最后赢得胜利。

佛陀曾说：“大地众生，皆有如来智慧德相。”一切众生皆有生命，即使体型外貌相状不同，但本具的佛性都是一样的。每一个生命，无论“有情”与“无情”，都有生存的权利和空间，应该受到保护与尊重。然而号称万物之灵的人类，却往往为了一己之私，恣意破坏环境、残杀生灵。

所以，我们应当学习林肯这种大慈大悲的观世音菩萨精神，不管老少、贫富、贤愚，乃至于一些微小动物，都能尊重对方的生存权利和空间，期勉人人都能做个烽火观音。

【思考】

1. 为什么林肯会被称为“烽火观音”？

2. 简述佛教对生命教育的看法。

3. 社会上有哪些值得我们效仿学习的“烽火观音”？

【延伸阅读——白话百喻经】

从前有一位国王，拥有一棵好树，长得极为高大茂盛，经常结出香而甜美的果实。当时，有一个人来到了国王居住的地方。国王对他说：“这棵树上将结出美味的果实，你想吃吗？”那人回答：“这棵树又高又大，虽然想吃，怎么摘得到呢？”于是他就把树砍倒，希望能得到果实。倒下的树当然不能结果了。后来想再把树栽回去，但树已经枯死了，毫无生机。

——（摘录）斫树取果喻

为自己写什么

但愿每个人都能常保感恩之心，
为历史、为传承，也为自己，
写下不凡的生命乐章。

【提要】

生命的意义不在于时间的长短，重要的是能为这个世界留下什么。万世师表的孔子，把四维八德的品德智慧留在人间；清净无为的老庄，把哲学思想留给后人；天才作曲家贝多芬，为世人写下许多不朽的乐章；六朝时期的颜之推，为后代子孙留下立身治家之道；佛教的教主释迦牟尼佛，为众生留下真理、慈悲。我们亦应期勉自己，为生命留下历史，为社会留下慈悲，为人间留下贡献。

【正文】

画家以传世不朽的画作留下历史；作家以隽永动人的文字写下历史；摄影家以刹那永恒的照片拍下历史；恋爱男女以鱼雁往返的情书留下历史；父母以成长日记为儿女留下了历史；也有人以无私奉献为自己的人生写下历史。亲爱的朋友，你要用什么来为自己的生命写下历史？

过去，宋朝的宰相富弼，因为处理事务时总是反复思考，太过小心而遭人批评。幕僚人员对富弼说："有人在批评你！"没想到富弼一点儿也不在意地说："一定是在批评别人。"我们应该学习富弼的度量，对于那些怨恨、讥毁、吃亏、不愉悦的事情，事过境迁之后，就不要耿耿于怀。

相对地，对于曾受人帮助的事，则要点滴感恩在心头。想想看，一个人要在天地间生存，如果没有十方大众的帮助，又谈何容易？既然受了这么多的恩泽，岂有不心怀感激之理？过去，韩信接受漂母一饭，后以千金相报，成为千古佳话；驸马陈世美忘恩负义，抛妻弃子，留下千古骂名，因此，感恩图报是做人的根本道理。

在人生的旅程中，必定有顺境、有逆境；有善缘、有恶缘；有赞美、有毁谤。面对种种的情况，我们要用什么样的心情，来为自己的人生写下历史？"施人慎勿念，受施慎勿忘"，但愿每个人都能常保感恩之心，继承先人，提携后学，为历史、为传承，也为自己，写下不凡的生命乐章。

【思考】

1. 试述你对生命的看法。
2. 你曾经为自己写下什么？
3. 请分享一则知恩报恩的故事。

【延伸阅读——白话百喻经】

从前有一个村落，离城有二百五十多里路程，村中有甘美的好水。国王下令村里的人，每天送纯净的水给他，村民为此疲惫不堪，全都想移居到别处。村长就对大家说："请大家不要搬走，我会替你们去跟国王请求，把二百五十里的路程改为一百五十里路，使你们送水的距离能够缩短，这样来回就不累了。"于是村长就去请求国王，国王也同意把这段路程改为一百五十里路。大家听了都很高兴。这时，有人对他们说："这还是原来的二百五十里路，并没有改变。"村民们虽是听到这些话，但由于相信国王的话，终究还是没有离开村子。

——（摘录）送美水喻

清理烟囱

可曾想过自己的内心，

是不是也像烟囱一样，污秽不堪，

必须定期清一清呢？

【提要】

烟囱会有烟渣，犹如人的身体会有污垢，心中也会累积秽气和陋习。烟渣有工人可以清除，身上的污垢可以用清水洗净，心中的污秽，唯有佛法可去除。佛陀对于资质不同的弟子，皆能观机逗教，而使之开悟，其中以“拂尘扫垢”教导周利槃陀伽的故事，最为脍炙人口；周利槃陀伽秉性愚顿笨拙，佛陀慈悲亲自教他每天扫地时反复念诵“拂尘扫垢”，即使只有四个字，也是用了很长一段时间才记下来，就这样慢慢引发了定慧之力，后来开悟而证得阿罗汉果位。

【正文】

几十年前，很多人家里煮饭都是烧柴火，因此会在厨房里做个烟囱，穿过屋顶，通到外面，让烧柴火的烟能够由此排除。此外，很多工厂烧燃料而产生的烟，也要靠烟囱来排除。所以，为了对烟囱进行保养，每隔一段时间就要去清理。

由于烟囱常常在排烟，里面会有很多的烟渣，如果没有清理，被烟渣堵塞了，要在下面生火就很困难，所以过去的职业中，就有一种是专门负责清理烟囱。每当这个清理烟囱的人，从烟囱里面出来时，不但脸上黑、手上黑，全身也都是黑的，得赶快为自己清理一番。

过去的火车是烧煤炭，当它穿过山洞时，乘客的鼻孔都是黑的；即使到了现代，出门一趟，走到空气比较差、排放废气比较多的城市，鼻孔也是黑的，这时候我们往往会用卫生纸或布，清一清鼻子。

当污垢停留在鼻孔里，我们会觉得很脏，对身体不健康，要把它清除掉。也了解如果不清理烟囱，要生火、燃烧、煮东西，都不能如意。对于外在的事物，我们都这么在意，急于清洁，但可曾想过自己的内心，是不是也像烟囱一样，污秽不堪，必须定期清一清呢？或者自我检查一下，看看心里有没有秽气停留？有没有废气笼罩？有没有烟渣残余？很多愤愤难平的事情，许多求不得、不能实现的心愿，这些对自己而言，都是囤积在心中的秽气，不妨定期把它给清一清。

事实上，心里头的秽气清除以后，不但心理干净舒服，对我们的身体也大有帮助；相反，如果压抑太多的秽气，则会影响我们心理和生理的健康。譬如信仰天主教、基督新教的人，每星期都去做礼拜，这就是清理“烟囱”；信仰佛教的人，初一、十五或固定每个礼拜参加共修法会，以及每天早上的诵经礼佛，这些都是清除心里秽气的方法，可以帮助我们保持心地清净和身体健康。

【思考】

1.“清理烟囱”的主要目的为何?

2. 试举三种生活中需要靠“清理”来保养的物品。

3. 你如何清理心里的秽气?

【延伸阅读——白话百喻经】

从前有一个人，生活贫穷困乏，欠了别人许多债，没有钱可以偿还，就逃走避债去了。他来到一个空旷之处，发现一只箱子，里面装满珍宝，还有一面明镜放在珍宝上面，用来遮盖箱中之物。穷人见了，心中异常高兴，立刻就打开来，看见镜中有一个人，于是害怕起来，便两手合掌对镜中人说:“我以为是个空箱子，里面什么都没有，不知您在箱子里面，请不要见怪！”

——（摘录）宝箧镜喻

宝藏库

当我们拥有一些珠宝、财物时，最好的方法，
就是拿来从事社会的公益事业，或者社会救济，
这样我们的钱财、珠宝，
就能够长远保存，不至于丧失殆尽。

【提要】

现代人很重视“理财之道”，都希望能够有效管理财富，让生活过得更好。然而近年来不时发生地震、风灾、金融“风暴”等天灾人祸，印证了佛教对于世间财物为“五家所共”的看法。现在，越来越多人发挥“一方有难，八方支援”的精神，及时的布施、捐助，或是长期担任义工，无私地奉献自己的时间、经验，凡此种种善行，便是佛教所提倡的“功德”。《大乘义章》云：“言功德，功谓功能，善有资润福利之功，故名为功；此功是其善行家德，名为功德。”可见功德是最好的理财之道。

【正文】

“宝藏库”，就是收藏财宝的地方。据说晋平公在位的时候，他收藏珍宝的仓库忽然着火了，这一烧，足足烧了三天。当时，晋平

公身边的大臣、仆人，无一不忙着救火，直到第三天，火源才被扑灭，损失当然很惨重。

隔天，公子晏带了五匹很珍贵的布料，来跟晋平公道贺："恭喜你！藏宝楼烧掉了。"

晋平公听了，很生气地说道："你是什么意思啊，不来帮忙救火，竟然还跟我道贺。"

公子晏就说了："假如一个国家的君王，经常蓄财于自己的宝库，大臣官员都把财物放在自己家里，社会上士农工商各行业的人，也都把钱财收藏起来不流通，其他的老百姓将因此没有饭吃、没有衣穿，这样积蓄财宝，对国家才是危险啊。"

事实上，我们小心翼翼储藏财物，真的安全吗？站在佛教的立场而言，财物是五家所共有的，也就是强盗、水、火、贪官污吏、不肖子孙。不管我们如何收藏，所有的财物终究会被这五家所花光。

所以佛门里面讲："最好的功德，就是最好的财物。"假如我们把钱财用在行善、布施、弘法、度众这上面，就等于是放在功德的仓库里，佛经里称之为"坚牢库"，意思是最坚固牢靠收藏宝藏的地方。在这个坚牢的功德库里，不必担心财宝被火烧掉，也不必挂念会被强盗抢去，更不必忧虑贪官污吏、不肖子孙会把钱财给花光。

因此，当我们拥有一些珠宝、财物时，最好的方法，就是拿来从事社会的公益事业，或者从事社会救济，这样我们的钱财、珠宝，就能够长远保存，不至于丧失殆尽。所以说，最坚固牢靠的宝库，就是功德的宝库。

【思考】

1. 钱财不流通会造成什么影响？

2. 为什么说财物是五家共有？

3. 如何累积功德的宝藏库？

【延伸阅读——白话百喻经】

从前有一位仙人，入山学道，学成五种神通，天眼彻视，能看见埋在地下的各种珍宝。国王听闻了这事，心里很高兴，于是就对大臣们说："如何才能使这人常住我国，不到别处去，好使我的宝藏库中的珍宝源源不断增加？"有一位臣子听到后，立刻动身前往仙人那里，把仙人的双眼挑了，然后拿回来对国王说："臣已经挖了他的眼睛，他再也不能到别处去了，只能长住在这个国家。"国王对这位大臣说："我之所以渴望仙人留住在这儿，就是因为他能看见埋在地下的一切宝藏。现在你毁了他的眼睛，让他住在这里还有什么用呢？"

——（摘录）破五通仙眼喻

敲一下

当我们下次碰壁的时候，

何妨冷静地跳出来看一看问题，

敲一下、打一下，换一个方式。

【提要】

一般学佛修行的人，平时听经闻法，对于佛法的道理好像有所认识，有所体悟。但是，境界一来，就迷惑了，这就是所谓的“说时似悟，对境生迷”，因此，佛教才会主张解行并重，希望在学习的当下，还必须懂得将教理活用在日常生活中，而不只是当作教科书一样只是记忆背诵而已，如此，才能冷静分析、解决事情。

【正文】

每天，我们都要工作，也会跟人有所接触。可是，当我们在工作上或人际间往来不顺畅时，不免抱怨：“哎哟，我今天又碰壁了！”“真是的，又踢到铁板了。”当我们遇到这种情况该怎么办呢？下面有一则发人省思的趣味例子，可以作为参考。

据说，过去有两个日本学者，一起到中国大陆搜集学术资料，随行还聘请了一位中国向导。有一天晚上，两个日本学者在旅馆里面讨论起一个问题：

在一块木板上面，挖一个圆洞，圆洞的直径是四厘米，另外有一根圆形的木棍，直径也是四厘米。如果要让这根圆形木棍穿过那木板上的洞，一样是直径四厘米对直径四厘米，这可能吗？

一位学者说："绝对穿得过去。"另一位立刻反驳："根本不可能，因为没有留下一点空隙啊！"于是，两个人就为这个事情争得面红耳赤，吵了半天，忽然发现那位中国向导，竟坐在一旁微笑。

他们俩很不高兴地问："你在笑什么呀？"

"我看你们两个人争得那么认真，所以觉得好笑。"中国向导接着说："其实，你们两个人讲得都没错，塞得过去，只是差了一点点。"

"差了一点点？"

"塞不进去的时候，拿个锤子把它敲一下，不就进去了吗？"

这时候，两位日本学者才恍然大悟说道："对啊！把它敲一下，不就进去了吗？"

其实，中国人跟日本人不一样的地方就在这里，中国人一向懂得冷静，不急着争辩，不会太过冲动，先跳出这个争执，在旁边仔细观察，然后找出一条解决之道。

佛法里说"对境生迷"，当我们一头栽进去境界里面的时候，实在难以看清，更遑论着手解决。只有跳到境界外来看待问题，冷眼旁观这个争执点，才能清楚如何解决。

所以，当我们下次碰壁的时候，何妨冷静地跳出来看一看问题，敲一下、打一下，换一个方式，或许会发现意料之外的好办法，事情很快就能解决了呢！

【思考】

1. 何谓“说时似悟，对境生迷”？试举例说明。

2. 当工作或人际往来不顺遂时，你会如何面对？

3. 请分享“敲一下”的人生经历。

【延伸阅读——白话百喻经】

从前有一个人，养了二百五十头牛，他常把牛驱赶到水草丰美的地方，让它们随时都有草吃。有一次，老虎吃掉一头牛。他就想：已经失去一头牛，破了整数，我还要这些牛做什么呢？于是就把牛驱赶到深坑的高崖上，然后推挤牛群跌入坑底。

——（摘录）杀群牛喻

善行如城堡

未生的恶，要不使萌芽；已生的恶，要彻底断除；
未生的善，要努力助长；已生的善，要保持不灭。

【提要】

唐朝文人白居易曾问鸟窠禅师，什么是佛法大意？禅师以“诸恶莫做，众善奉行，自净其意，是诸佛教”来回答他，其实就是“四正勤”的精神。“四正勤”是佛陀教导弟子们断恶生善的方法。日常生活中，倘能依此法门精勤修持，不仅可以帮助我们在意念上了了分明，使内心与善法相应；行为上也能远离恶行，进而积极行善，将来可获得大善果报，真正做到“除苦去恶”。

【正文】

修行，是为了要解除我们的烦恼、痛苦；修行，是要和我们内心的魔军作战。在弥兰陀王①与那先比丘②的对话里，曾提到“善行如城堡”，我们应该如何来修持行善，才能兴建起这座御敌护己的坚固城堡呢？

弥兰陀王问：“修行是为了除苦，但是应如何修持？”那先比丘说：“大王，当你作战的时候，是不是等到敌军已经攻打来了，才开始建造城堡来保护自己呢？”弥兰陀王回答：“当然不是啊！战前就要先把城堡建好，才能保护自己。就好比：渴了，才要挖井汲水；饿了，才要耕田播种，来不及啊！所以无论是城堡、井水，或者耕田，都要事先做好才行。”

那先比丘说：“对呀，同样的道理，无论是烦恼或痛苦，也不要等到它来临了，才开始想办法。因此，我们平常就要修行、多做好事。因为这些修行、好事，就是一座城堡、一口井水、一堆白米。”

后来，那先比丘又问：“大王，你说的除苦，这个苦是什么时候的苦呢？过去、现在、未来都有苦。可是，过去的苦已经过去了，除不除对我已经没有什么意义；未来的苦还没有发生，我现在还感受不到；现在的苦又在刹那之间成为过去，请问你要除的是哪一种苦呢？”

这时候，那先比丘接着说：“佛陀曾经告诉我们，真正除苦去恶、兴建城堡的修行方法叫作四正勤，即：（一）未生的恶，要设法不使它萌芽。（二）已生的恶，要彻底断除。（三）未生的善，要努力助长。（四）已生的善，要保持不灭，并且使它更兴盛。如果我们能够这样做，就是为自己建造一座城堡，为自己掘了一口井，也是为自己耕好一亩田，不必怕苦和烦恼来干扰，敌人的魔军也奈何不了我们，所以说善行如城堡。”

【注释】

①弥兰陀王：指公元前二世纪后半叶希腊人大夏王弥兰多罗斯，曾统治阿富汗之喀布尔地方，并入侵印度，一时势力及于西北印度五河一带，使印度深受希腊文化之影响。

②那先比丘：中印度雪山山麓羯蝇揭罗村婆罗门之子。“那”为“那伽”之略，乃“象”之梵语。其出生时，家中大象亦生小象，故有此名。初学吠陀，深感婆罗门教学之乏善可陈，转随楼汉尊者出家。

【思考】

1. 试述修行之目的及意义。

2. 略述除苦去恶、兴建城堡的修行方法。

3. 请分享学佛修行的心得。

【延伸阅读——白话百喻经】

从前有一个人，走路走得又渴又累，看见木筒中有接引来的清净流水，就接着喝起来。喝够了之后，就指着木筒说：“我已经喝够了，水不要再流出来了。”虽然他说了这话，但水依然流个不停，这人就愤怒地说：“我喝够了，告诉你不要再流了，为什么还要流个不停呢？”有人听见了，就对他说：“你太愚昧，太没头脑。为什么你自己不离开，却叫水不要再流呢。”于是就把他拉到别处去了。

——（摘录）饮木筒水喻

蹦跳的小孩儿

彼此的认知不同，需要也就不同，
如果我们不能了解这一点，往往会因此而生气，
只有了解之后，才能够彼此包容。

【提要】

三代同堂的欢乐景象，在这个时代似乎已经成为过去式了，但是“代沟”的问题似乎一直存在着，例如：为人父母会觉得儿女不懂得规矩，儿女则会怪父母不懂他的心，彼此互相猜疑、指责。其实随着时代的演变，儿女的需求不再像传统社会那般保守，父母亲应该要懂得包容，为人子女的也应该要体谅父母亲的辛劳，不能予取予求，这样才能在同一个屋檐下和乐相处。

【正文】

在一般公众场合里，尤其是寺庙法会活动中，常可以看到信徒带着孩子来拜佛，有时小孩子不了解其中的意义，就在一旁玩耍吵闹。其实，平日在家中，有时孩子们也会在沙发、床上跳来跳去。这一切行为看在大人的眼里，觉得很生气，于是责怪孩子：“怎么可以这样跳来跳去！”甚至大人会说：“你怎么这么不懂事！”

事实上，我们说小孩子不懂事，或许小孩子也会讲："你们大人才不懂呢！在沙发上跳来跳去，十分有趣呀！你们一定不知道这样玩很开心。"或者说："我玩电梯，是因为这样很有乐趣，你怎么说我不懂事呢？"因此，大人、小孩常常在彼此都不了解的情况下，让对方生气。

早期星云大师在寺院里办活动的时候，一定会为小朋友安排个地方，让他们尽情玩耍，甚至会说一些小孩子听得懂的故事，或者讲些佛法的道理给他们听。这样一来，小朋友就很乖，不再吵闹惹事，也不会让大人生气。所以，了解孩子的心理和需要是很重要的。

大人和小孩子之所以会对立，就是因为大人不了解小孩子的需要，往往站在自己的立场，因此常生气小孩子不懂事。同样，小孩子也用他们的角度来观察大人，所以一样不开心。譬如：大人可以坐着听经闻法，两个小时一动也不动，可是小孩子没办法，他们觉得那有什么好玩的呢？就像不懂高尔夫球的人，怎么样都想不透，怎么会有那么多人对一颗小白球着迷呢？

有一位日本禅师曾说："我真不了解，几万人看着几个人在中间玩一颗球，竟然看得那么认真，那么热烈投入。"彼此的认知不同，需要也就不同，如果我们不能了解这一点，往往会因此而生气，只有了解之后，才能够彼此包容。

过去，宜兰念佛会的一些年轻人初到寺庙里，并不是去拜佛、听经，都是在那里吵闹，星云大师懂得青年人需要经过这样的历程，而能接受他们的吵和闹，可是其他的老信徒都没办法理解，因此说："师父都袒护那些年轻人。"现在回想起来，也是因为经历了这样的过程，那些年轻人才能进入佛门，这一切都是大师的了解和包容。

所以，大人应该了解，游戏是孩子的生活，是他们的成长历程，蹦跳的孩子不是不对呀！

【思考】

1. 大人和小孩子对立的因素有哪些？

2. 试述一则因认知不同所引发的事件。

3. 略谈生命中，你曾感受过被“尊重”或“包容”的经验。

【延伸阅读——白话百喻经】

从前有一个人，到别人家里去，看见屋舍墙壁粉刷得平整光滑，地面也很平坦，就问主人说：“你如何配制这些涂料，竟然能抹得这么好？”主人回答：“将碎稻壳加水浸泡，再和泥涂壁，就会得到这样的效果。”愚人听后，心里就想：倘若纯粹用稻壳，不如与稻米和合着一起用，这样墙会更白净，也会更光滑漂亮。于是用稻谷和着泥来涂抹粉刷墙面，祈望更平整光滑，不料反而是高低不平，墙面都坼裂开来，白白浪费了稻谷，毫无益处，还不如将这些谷物布施给穷人，还可以行善积德。

——（摘录）见他人涂舍喻

第五章

聚宝盆

钱财是要造福社会，是要解决大家的困难，

假如把钱财摆在仓库里而不用，这种人就是最贫穷的人。

【提要】

文中的长者知道波斯匿王虽然很有钱，但不知道做一些福利众人的事业，虽然有钱而不会用，这不就是世间上最贫穷的人吗？所以有钱会用才是最富有的人，否则，有钱也是穷人。过去的寺院往往把钱财用于增建佛殿、寮房，购买房地、田产；懂得用钱的人，则用来建设讲堂、教室、图书馆，或是兴办学校、报刊等文化或教育事业。世间的事物不一定都能用金钱来庄严，但是，用智慧则一定可以庄严世间。

【正文】

传说“聚宝盆”是一个能够积聚、生出许多财宝的盆子，只要拥有了它，就会非常富有，可以过着幸福快乐的日子。

有一次，拘舍罗国①一位很有钱的长者，得到了非常名贵的檀木宝盒，他对大众宣布：“这个聚宝盆是檀木做的，里头有无限的金银财宝，我要把它送给我们国内最穷困的人。”一堆乞丐、流浪汉听了长者的话，纷纷跑来跟他要聚宝盆，而且每个人都表示自己是最贫穷的，然而长者却摇头说：“你们不是国内最贫穷的人。”

乞丐们问道：“谁是我们国家最穷的人呢？”

长者说：“哦！那是我们的国王——波斯匿王[②]，他才是我们国中最贫穷的人。”

这段对话很快就传到国王那里，波斯匿王听了很生气地说：“我堂堂一国之王，富甲天下，怎么说我是这个国家最贫穷的人？把他叫过来！”

长者被叫到皇宫以后，波斯匿王带他到宫里收藏珠宝的库房，并且说道：“我这个宝库，放的全是金银珠宝，数量这么多，你应该知道我不是贫穷的人，反而是最富有的人……”

没想到长者说：“我看过您的宝库之后，越发感到您不但贫穷，而且是穷人当中最贫穷的人。”

国王很生气地问：“你这话怎么说呢？”

长者回答：“国王，钱财的用处在哪里？钱财是要拿来造福社会，钱财是要用来解决大家的困难。假如把钱财摆在仓库里而不用，这种人就是最贫穷的人。再说您身为一国之王，只知道囤积财物，只晓得为自己营造享乐，您有没有看到老百姓没有饭吃？您关心过人民的生活吗？他们的家庭快乐吗？社会有没有什么问题呢？国家有没有尽责保护人民？您的心目中完全没有这些，所以，您是最贫穷的人，因此我要把这个宝盒送给你。”

波斯匿王听了长者的一席话，觉得很惭愧，他想：“对呀，关心国家的大事，注重人民的福祉，照顾百姓的生活，都是我的责任！我能关切到这许多问题，内心才算是真正的富有；假如在我仓库里面的金银珠宝，能够拿去做这许多事情，才真正算是创造了许多的财富。”

希望借由波斯匿王的事例，我们能勉励自己，不要做一个富有而贫穷的人。

【注释】

①拘舍罗国：为印度十六大国之一。其国都为舍卫城，佛陀曾前后居止二十五年，经常于此开示佛法，有祇树给孤独园等圣迹。

②波斯匿王：王初暴恶无信，皈依后，屡蒙佛陀教化，笃信佛法。

【思考】

1. 为什么波斯匿王是最贫穷的人呢？

2. 试述你的理财之道。

3. 你觉得自己是富有的人吗？为什么？

【延伸阅读——白话百喻经】

从前有位国王，有一名亲信，在两军对阵交战中冒着生命危险救了国王。国王非常高兴，表示要满足他的愿望，就问：“你有什么要求，随你提出来，我都能满足你。”这个人就回答说：“国王剃胡须时，由我来剃吧！”国王说：“如果此事合乎你的心意，我就满足你的愿望！”像这样能统治半个天下，或者管理国家的重臣，却只求一件微贱的事，这样的人难免会受到世人嘲笑。

——（摘录）愿为王剃须喻

人生的码头

当我们在为别人建造码头的时候，

其实也等于在为自己建造码头。

【提要】

人生经常会走到十字路口，不知道方向在哪里？例如：在爱情中迷失、被公司解雇、经济困顿，这时候必须有依靠的目标，才能脱困。有时候也需要靠善友、善缘，以及自己的技能、美德、诚实、忠信这些条件，才能在茫茫人海里顺利航行。面对人生，其实我们可以选择拥有正确的信仰，因为有了信仰，就像宇宙间有了日月星光，能够带来光明、希望；有了信仰，自然能开发内心的般若之光，时时刻刻都如日光般朗朗照耀，又如月光般清凉愉悦。

【正文】

航行在大海里的船只，遇到狂风暴雨的时候，多么企盼有个码头，可以躲避惊涛骇浪；即使在风平浪静的时候，也需要有个码头，让航行的船只抛下锚来停泊依靠，由此可知码头是多么的重要。

在人生的旅程上，也要有个避风港，可以停留依靠，而家、父母、亲友就是我们的码头。有了这些归宿，我们得以遮风避雨，得以停泊休憩。事实上，单以父母、亲友、家庭为码头，还不够安全妥当，有时候难免会因为人的情绪变化，或受到外在环境的刺激影响，使这些码头不能安稳，因此最好的、真正的码头，就是要有自己的心灵世界。

任何宗教，只要是正信的宗教，正当的信仰，对我们而言，都是可靠的码头。此外，除了我们需要一个可以歇泊的码头外，也可以替别人开辟码头，甚至成为让人依靠的码头。

譬如：从事社会福利工作的人，对于那些无依的老人，时常给予关怀，陪他们讲讲话，听他们谈谈过去，发发牢骚，让老人家觉得自己虽然年纪大了，但仍有很多人在关心他、照顾他。这份受关怀的感觉，对老人家来讲，就是一个温暖的码头。

又如：对于生性怯弱、做事缺乏信心的人，如果我们能够多给他一点鼓励，多给他一些提携，让他不再那么害怕，能够勇敢面对一切，这样的作为，正如观世音菩萨布施无畏，予人勇气，这对怯弱的人而言，就是一座码头。

事实上，当我们在为别人建造码头的时候，也等于在为自己建造码头，因为替这些老人服务，或者帮助一些信心怯弱、能力低弱者，就是迈向菩萨道的开始。所以说“道在众生身上求”，当我们完成了救度众生的工作，菩萨道也就修行完成。

但愿人人心中都能有可以依靠的正确信仰，进而能为群体服务，创造出属于自己的真正码头。

【思考】

1. 什么是人生旅途上真正的码头？

2. 如何替别人开辟或成为让人依靠的码头?

3. 你对“道在众生身上求”有何看法?

【延伸阅读——白话百喻经】

从前有两个饿鬼，共同拥有一个宝盒、一根手杖、一双木屐。两个为此争吵，都想占有这三样东西。吵嚷了整整一天，无法平分。这时有个人见到这个情况，就问他们:“这盒子、手杖、木屐有什么奇特之处，竟让你们如此争吵不休? ”鬼就回答:“这个宝盒能变出任何衣服、食用品、床褥、卧具，凡是生活必需品，都可从里面得到;这根手杖，可以让一切仇敌都归顺服从，不敢有所异议;穿上这双木屐，能使人自在飞行，毫无阻碍。”这人听了之后，便对鬼说:“你们稍稍退后一点，让我公平地为你们分配这些东西。”鬼听了这话，相继远远地避开了。这人立即抱起盒子，抓起手杖，穿上木屐飞腾而去。二鬼愕然，竟然一无所得。那人对鬼说道:“你俩所争的东西，我拿走了，现在你们再也没有什么好争的了。”

——(摘录)毗舍阇鬼喻

佛头着粪

凡夫众生虽然被自私、贪欲、嫉妒、愚痴等烦恼所覆盖，可是内在的本性是清净无染的。

【提要】

孟子提倡“人性本善”，荀子提倡“人性本恶”，《大乘起信论》则认为人性有善有恶。然而，本性除了万物本身具有的，还要靠学习。先天的本性是需要开发，而后天的本性是学习而来。世间万物，也都有它的本性，如太阳有太阳能，火有火力，水有水力，风有风力，这些都有发电的本能；而人因为有理智，能分辨是非善恶，但若以“众生皆有佛性”来说，一切生物，都有佛性！

【正文】

“佛头着粪”是禅宗里常讲的一句话，我们看释迦牟尼佛的雕像时，会注意到佛祖的头上有很多一粒粒凸起的东西，有人说这是肉髻；也有人说，这是释迦佛陀当年在菩提树下、金刚座上修行时，很多鸟飞过，把粪拉在他的头上。

据说湖南东寺这个地方，有一天来了宰相，他看到佛像的头上有很多鸟粪，觉得很不以为然，就问住持如会法师：“这些鸟究竟有没有佛性？”

如会法师说：“有啊！鸟也有佛性。”

宰相说：“既然有佛性，怎么会这么没有礼貌，把粪拉在佛像的头上呢？”

如会法师竟然回答：“是啊！它就是有佛性才会这样。你看，这旁边有很多树，很多栏杆，为什么它不把粪拉在那里，而要拉在佛像的头上呢？”

常人听到禅师的说法，或许觉得怎么会这样呢？其实，这里面表达一个很深奥的意义，我们都知道鸟粪是肮脏的，佛像是清净的，清净佛像的头上有着肮脏的鸟粪，说明凡夫众生虽然被自私、贪欲、嫉妒、愚痴等烦恼所覆盖，可是内在的本性是清净无染。如同佛像的本质是清净的，那些垢秽、肮脏的鸟粪，只是外来的脏东西而已。这些肮脏的东西，既属外来，不是本具，自然可以把它清除掉。

修行就是要清除掉这些像鸟粪一样的外来烦恼，好让我们的清净本性，能够显露出来。佛教里有位常不轻菩萨，曾说过众生或自认为是薄地凡夫，或许认为自己烦恼愚痴，但是人人其实都有清净的佛性。因此常不轻菩萨尊重一切的众生，常说：“汝等皆当作佛，我不敢轻视汝等。”

每个人都跟佛陀一样，怀有清净、光明、智慧的自性，千万不要轻视自己、忽略自我。释迦牟尼佛在菩提树下，曾经讲过一句很有名的话：“奇哉！奇哉！大地众生皆有如来智慧德相。”所以，自我肯定是很重要的一件事。

【思考】

1.“佛头着粪”是在引喻什么?

2. 你认为动物有没有佛性?为什么?

3. 何谓“修行”?试举例说明。

4. 如何自我肯定?

【延伸阅读——白话百喻经】

有一位商人，到各地做买卖。路途中，他的骆驼突然死了。他想骆驼既然已经死了，就把皮剥下来。留下货物继续前行的商人，让两个徒弟留守原处，并吩咐说:“看好这张驼皮，不要让它受潮腐烂了。”过后，天下起雨，这徒弟就把货物中上等的棉织品都盖在驼皮上，结果棉织品全都腐烂了。

——(摘录)估客驼死喻

见机行事

修行的目的不在见机行事，

最主要是不让烦恼产生出来。

【提要】

孙中山先生曾说："法律防患于已然，佛法防患于未然。"相对于世间法律而言，佛教的戒律更有洞悉先机的智慧，这在佛教中又称为"防非止恶"。从五戒、菩萨戒，到僧团的戒律，性质都在于"防非止恶"。又有"四正勤"，内容包括：除断已生之恶、使未生之恶不生、使未生之善能生、使已生之善能更增长。如此杜绝"非"与"恶"的成形，自然不会产生种种罪行，更不用谈到刑罚了。佛经有云："菩萨畏因，众生畏果。"菩萨会时时戒慎恐惧，不令恶因生成；众生却要等到果报现前，才感到烦恼痛苦，甚至怨天尤人。

【正文】

通常我们提到"这个人懂得见机行事"，如果他本人听到，一定很高兴，觉得人家是在赞叹他。但是，此处要讲的"见机行事"，却不是这样，因为见机行事，还不如洞察先机、防患于未然。固然有些人说见机行事，可以看出一个人的灵巧，但在这种情况下，所做出来的事情会周到吗？会完全正确吗？不见得吧！所以说与其见机行事，不如防患于未然，在事情发生之前，就能够预料到，而且阻止它发生，这样才是高手。

譬如我们称赞某人会开车，会开车的条件，不只是自己不去撞人，还要不让别人撞到我们，能够不让车祸发生，这才是真正的高手。日本曹洞宗的开山祖师，道元禅师曾说过："见机行事不是高手，修行的目的也不在见机行事，最主要是不让烦恼产生出来。"

有一则譬喻这么说的：

从前，有位武林高手调教了很多弟子，一天，有位弟子从一群野马旁经过，突然间野马一脚踢过来。还好这个弟子身手十分矫健，临机应变，躲开了野马这一击，大家看到了，都给予掌声。回去以后，他很得意地告诉师父："很多人肯定我的武功，说我能够见机行事，临危逃脱，武功很高超。"

师父听了，不但脸上没有露出高兴的表情，反而说道："你错了！你是我最糟糕的徒弟。武功的目的，不在见招拆招、见机行事，而是在于如何施展自己的功力，让对方不要出招，不把手里的刀剑舞出来，这才是我要教你们的目的。你以为能见机行事就是高手吗？我真正的高徒，是让对手不施展他的招数。"

所以，人生旅途上，无论修行或做事，千万不要以为投机取巧或见机行事，就可以获得结果，偶尔的成功纯属侥幸，还是会有疏漏，与其见机行事，不如洞烛先机，防患于未然，这样才是真正的武林高手。

【思考】

1. 为什么见机行事不如防患于未然？

2. 做人处事如何洞察先机？试举例说明。

3. 文中的武林高手如何调教他的徒弟？

4. 试述阅读本文的感想。

【延伸阅读——白话百喻经】

从前有个国家过节，在法定的节日里，所有妇女都佩戴优钵罗花。有一个穷人，妻子对他说："你若是能为我找来优钵罗花，我就继续做你的妻子；若是不能，我就要离你而去。"她丈夫先前经常模仿鸳鸯的叫声，于是就潜入王宫的池沼，一边偷摘优钵罗花，一边学着鸳鸯的鸣声做掩护。这时看守池塘的人听到动静，就问："谁在池子里面？"穷人脱口回应："是鸳鸯。"看守池塘的人就捉住他，准备将他押到国王那里。在路上，穷人又抑扬有致地学起鸳鸯的鸣声。守池的人说："你刚才不叫，现在叫又有什么用呢？"

——（摘录）贫人能作鸳鸯鸣喻

脚踏麦芽

无理之前，你都能够接受了，
更何况是有理呢？
所以，无理也是一种教育。

【提要】

有人说“刻骨铭心的要求，是诸佛菩萨的慈悲”，以严厉手段无非要“打得念头死，许汝法身活”，无理要求的表象外，其实有无尽悲智。佛陀以身教代替言教，历代高僧大德，亦承此风范，用以教化弟子，例如：仙崖禅师的一句“夜凉了，多加一件衣服”，感化夜游学僧；金代禅师“不是为了生气才种兰花”，让弟子自我认错；赵州禅师“小便别人无法替代”，这些都是最好的身教，所以能在无形中发挥潜移默化的功能。

【正文】

据说麦芽长出来的时候，农夫会用脚把它踩一踩，那么经过这样一踩，麦芽不就死了吗？

实际上反而经过这一踩之后，麦芽会长得更茁壮，结出的麦穗也会更饱满；所以，当农夫种麦时，麦子发芽了，就要用脚把它踩一踩。

禅宗里有位修持有成的禅师，据说他能够专心致志地在道业上精进，不畏惧任何艰难困苦，有着过人的毅力，这和父亲对他的教育，有很大的关系。

禅师回忆起小时候，父亲对他的管教非常严格，只要他稍有做错，父亲马上说："你给我出去，我没有你这种儿子。"有时稍不顺从父亲的意思，父亲就严厉责备："你不像我家的孩子。"

甚至到了吃饭时间，父亲还是硬把他赶出去，"砰"一声，毫不留情地把门关起来。站在屋外的他，心中当然很不服气，愤愤不平地想："我是如何地有道理，可是父亲却这么无理。"

虽然，他曾经动过离家的念头，可是只要一想到，肚子饿没饭吃，晚上还要睡外面被蚊虫咬，就离不开。

一天傍晚，他又被父亲赶出来，无所事事地站在屋外，于是偷偷从门缝往屋里看，只见全家人围着饭桌在吃饭，父亲却拿了一个空盘子，不断夹起许多好吃的菜，放到盘子上，对母亲说："待会儿给儿子吃。"

这时候，他才明白为什么父亲那么严格，原来在望子成龙的要求下，竟是一份浓到化不开的关爱，不管父亲有理、无理，只要一想这份爱，他心里就很感动。

后来，他终于敲门进去，在父亲的面前跪下来，说："爸爸，是我不对，您说得有理。"

就这样，在父亲严格的要求下，磨炼出禅师十分坚强的意志，也间接造就了他的道业。

过去，星云大师还是小沙弥的时候，佛学院里的教育很严格，无理固然要打，有时就算有理，也会挨打，当时他觉得老师打人，打得莫名其妙。直到日后，他才明白了，其实这样的教育，是要让学生无论有理、无理都能接受，因为无理之前，你都能够接受了，更何况是有理呢？所以，无理也是一种教育。

【思考】

1. 略述本文之宗旨。

2. 试述一则“脚踏麦芽”的故事。

3. 试比较从前与现在教育之差异。

【延伸阅读——白话百喻经】

有个人因为饿了，一口气吃到了第七个煎饼。吃完六个半的时候，就觉得饱了。这人就开始懊恼后悔，还用手打着自己说：“我现在已饱足了，是由于有这半个饼的缘故。前面那六个饼，就这么白白地浪费掉了。早知道吃了这半个饼就能饱，就应先吃它才是。”

——（摘录）欲食半饼喻

一掬之水

一个人有没有用，

要看他对社会、对家庭、对团体有没有贡献。

【提要】

世间的事情，没有绝对的大小、多少、好坏，只有能够适时适地发挥功用，才是最好的。一杯解渴清水，胜饮一壶琼浆玉露；一株治病药草，胜过一段沉香檀木；一句及时好话，胜于一堆甜言蜜语；一颗善良好心，胜过一再苦修磨炼。

同样地，一个人的贫富，也不在金钱物质多寡，而是在他有没有智慧、慈悲、信仰、欢喜、满足、惭愧等。因此《金刚经》说，若能以四句偈与人广结法缘，即胜过三千大千世界的七宝布施，此即为破除世人迷思的最好说明。

【正文】

据说有一天，海神问一个名叫波利的商人："我问你，我拥有这么大的海洋，你觉得其中的海水多不多？"

"嗯！很多。"

"那好，假如一掬之水，一定比我的海水少啰！"

这个商人说："不！这一掬之水，可能比你的大海之水还要多。"

"这话怎么说呢？"

商人回答："大海之水虽多，可是派不上用场，这一掬之水虽少，但对一个快要渴死的人，或是星星之火正在燃起之际，当下却能够救急。处在紧要关头，这一掬水能够派上用场，能够救人一命，所以虽然只是一掬之水，却比大海之水还要多。"

这则譬喻告诉我们：一个人有没有用，要看他对社会、对家庭、对团体有没有贡献。即使这个人再聪明、再能干，可是对社会没有一点贡献，也不能算是一个聪明人，还不如办公室里的工友、小妹，清早就来开门，桌子地板都抹干净，茶水也泡好了，让办公室里的人，一上班就有热茶可以喝，有干净舒适的工作环境。所以，工友、小妹或许没有那么聪明，但是用处更大。

一个人拥有很多的财富，或者享有很高的地位，可是他的财富、地位，如果不能用在大众需要的地方，譬如在欢场里一掷千金，这对社会大众有用吗？还不如拿那些钱来做急难救助。当然这更比不上一个市井小民，随手掏出一百元、一千元，解除受难者的困厄。所以，两者之中谁才是真的富有？当然是市井小民。

同样的道理，应用在做人做事上，凡是哪里有需要帮助的地方，我们能够前去帮忙，就是有用的人。观世音菩萨寻声救苦，在我们最痛苦的时候，能够即时赶到，因此每个人才要礼拜她、供奉她。假如观世音菩萨不能解救我们的困难，相信大家也不会崇拜她，所以一掬之水不多，但是它的用途比海水还大呀！

【思考】

1.“一掬之水”主要是在告诉我们什么？

2. 佛教对世间多少、大小、贫富的相对差别有何看法？

3. 请分享阅读本文的感想。

【延伸阅读——白话百喻经】

有一个人，将要出门远行，临行前告诫家里的仆人说：“你要好好看守家门，并看管好驴子和缰绳。”主人走后不久，邻村的人家这时正在演奏乐曲，这仆人很想去听，坐立不安。于是他就用绳子绑上取下来的门板，放到驴背上，赶着到那演奏戏曲的地方，去聆听乐曲。仆人离去之后，屋中的财物就被小偷洗劫一空。主人回来后，责问仆人：“财宝哪儿去啦？”仆人回答：“主人事先交代我的只是门、驴子及缰绳，除此以外，我就不知道了。”主人说：“留你看守家门，就是为了这些财物，现在财物都丢失了，还要这个门做什么呢？”

——（摘录）奴守门喻

最宁静的道场

佛弟子要肩负起度众的责任，
如果一直待在深山古刹里，
又如何能度到众生呢？

【提要】

有句话说：“参禅何须山水地，灭却心头火自凉。”只要内心不起杂念妄想，心能安住，尽管周围再怎么嘈杂，还是可以很平静。因此，修行不必一定要到深山幽林里，也无须离开团体大众，能够心安法乐，才是最重要。慈航法师曾说：“只要自觉心安，东西南北都好。”所以哪里才是宁静道场？做人正派，行事厚道，不负因果，仰不愧于天、俯不怍于地，时时心安理得，处处皆为宁静道场。

【正文】

一般人打坐、念佛总要找个宁静的地方，才能安心自在地修行。可是，日本有一位提倡念佛的净土传教大师——空也上人，他的安心修行之处却是十分与众不同。

据说，空也上人有段时期在高山上的一间寺院里修行，很多出家人慕名跑去跟他学道，每天一大堆学生围绕在他身旁。空也上人就说：“这个地方太吵了，我不能安心。”

起初，弟子们听到师父这样讲，大家就把声音放轻，说话也不敢太大声。可是师父还是天天念，因此弟子们都踮着脚轻轻慢慢地走，希望师父能够满意。可是，空也上人还是说：“这里太吵了，不能安心，我必须离开。”

有一天，空也上人突然消失了，也没有告诉任何人要去哪里。弟子们用尽各种办法，到处寻找，始终找不到，最后只好放弃，大家各奔前程。

某日，几位徒弟一起经过市衢时，看到一个衣衫褴褛的出家人坐在十字街口。他们走近一看，哎呀！这不是师父吗？

徒弟们说：“师父，您怎么会在这里呢？您不是嫌山上太吵，不能安心吗？那这里呢？”弟子的意思是十字街口人来人往，车水马龙，环境应该更加吵闹。

不料，空也上人却说：“这里好安静，在这里我就能安心了。”

真是奇怪，为什么空也上人来到热闹嘈杂的市区，反而说这里很安静，并且在此安心修行呢？乍看之下，空也上人的行为似乎违反常理，其实这是上人对弟子的一种教育。

身为佛弟子要肩负起度众的责任，可是，如果一直待在深山古刹里，又如何能度到众生呢？所以，空也上人感到内心不安，他走到十字街口，来到大众群中，积极普度众生。到了此刻，他才感到安心自在，因此告诉弟子们“十字街口最宁静”，意义就是在此。

【思考】

1. 为什么空也上人在热闹嘈杂的市区可以安心修行？

2. 空也上人对弟子采取什么样的教育方式？

3. 请分享阅读本文后的感想。

【延伸阅读——白话百喻经】

有一个村子的人联手偷了一头牛，并把牛吃了。丢牛的人循着足迹找到了这个村子，叫住一位村民打听消息："牛在这个村子吗？"偷牛的村民回答："我们这里其实没有村子。"又问："村里有个池塘，你们在池边一起吃掉这头牛是吗？"村民又回答："村里没有池塘。"又问："池塘边有一棵树吧？"回答说："没有树。"又问："你们偷牛的时候，是在村子东边吧？"村民回答："没有东边。"又接着问："你们偷牛的时候，是不是正午？"村民回答："没有正午。"失主说："纵然可以没有村子，没有树，但天底下哪有没有东边、没有时间？可见你在说谎，完全不可信。你们把牛吃了是不是？"村民回答："确实吃了！"

——（摘录）偷牦牛喻

方外情义

方外之人或许没有一般世俗人的多情多义，

可是方外之人的情义，却是真情真义。

【提要】

舍弃情爱遁入空门，长伴青灯古佛，是常人对佛门的误解，少有人能品出“僧情不比俗情浓”的方外情义。在佛门不是说不重感情，而是要以智导情，以慈化情。高僧传译经典、护法卫教，禅师的棒喝啐啄、丛林的打骂教育，乃至诸佛菩萨的悲愿，无一不是道情法爱的体现。

【正文】

佛教有许多经典，而这些传世的经典，究竟是怎么来的呢？

佛陀涅槃以后，弟子们将佛陀住世时所说的法，搜集整合起来，这个搜集整合的工作，即是结集。

佛教史上，有好几次的经典结集。第一次结集，是由佛陀的弟子大迦叶主持，当时，他制定了一个标准，必须证得阿罗汉果者，才有资格参加结集的工作。

遗憾的是，随侍在佛陀身边二十余年的弟子阿难，虽然对佛陀所说的教法，都能一一记在脑海里，深深流入心田之中，然而，却因为尚未证得阿罗汉果，没有资格进入会场，参与结集的工作。

对此，阿难心中十分难过，可是师兄大迦叶却一点也不留情，严厉地呵斥他："你跟随在佛陀身边这么多年，竟没能证得阿罗汉果，你没有资格参加这个工作。"

一旁的人听了，都替阿难抱不平，这么一个日夜追随在佛陀身边的人，竟然不能参加结集工作。阿难受了这个痛苦的打击，回去后就精进用功，终于在结集的前一日，证得了阿罗汉果。

证果后的阿难，跑去找大迦叶，说："我有资格参加了。"

大迦叶回答："假如你真的证得阿罗汉果，应该有能力从门缝进来！"

果然，阿难以神通之力，毫无困难地进入结集场所。大迦叶一看到这情景，不禁抱住阿难痛哭："师弟，不是我无情，是我对你寄望太多，要促你早日成就，不得不这么无情地对待你。"

阿难说："师兄，我知道，你是真正爱护我的人。"

方外之人①或许没有一般世俗人的多情多义，可是方外之人的情义，却是真情真义。

受人景仰的弘一大师和他的学生丰子恺，他们师徒之间的情谊，也是很好的例子。丰子恺是一个多才多艺的人，在他这一生当中，最有名的作品是《护生画集》。当时，弘一大师要学生丰子恺创作一些护生的画，希望借此唤起世人护生的慈悲心。丰子恺也了解老师的一番心意，因此格外用心地画《护生画集》。这一僧一俗间，真切诚挚的师徒情谊，就是方外之情。

【注释】

①方外之人：方，乃“道”之意；在人应守之道外，称为方外。道外之人，多指舍世之人，后世则专指僧道等出家人或佛教徒。

【思考】

1. 何谓“方外情义”？

2. 试述一则方外情义的故事。

【延伸阅读——白话百喻经】

有一个人，磨治一块大石头，花费许多气力，历经漫长岁月，为的是把大石头磨成一只小玩具牛。花费的功夫极大，所能得到的成果却非常小。

世上的人也是这样。磨大石块的人，可以譬喻那些做学问精勤刻苦的人；做成小牛，譬喻为了名望互相攻击。做学问不仅要研究思索精微的玄理，广泛通晓种种知识，还应身体力行，去求得那遥远但究竟圆满的殊胜之果。一旦为了求名誉，骄傲自大，就会带来过失与忧患。

——（摘录）磨大石喻

泥包的金佛

修行就是要去掉外在的糟粕，成就精炼的白米；
拨去笼罩的乌云，露出皎洁的月光；
铲去覆盖的泥土，采出丰富的矿藏。

【提要】

白云守端禅师在杨岐方会禅师处参禅了很久，仍未开悟，杨岐禅师为了开导他，有一天便故意问起他老师写过的一首偈子，守端应声回答："我有明珠一颗，久被尘劳关锁；今朝尘尽光生，照破山河万朵。"杨岐禅师听了之后，故意笑着离开了。守端禅师果然为这一笑整夜失眠，第二天再到法堂请示，杨岐禅师便说他"不如小丑"，为什么呢？小丑努力博取别人的笑，他却连别人的笑都害怕。当一个人对自我的认识不够，就会轻易受到外境的影响，喜乐忧苦完全维系在别人手上，累积了层层烦恼情绪，无法自主。必须坚信自己怀有明珠，冲破外境的"尘劳关锁"，终能尘尽光生，回复光明灿烂的自性！

【正文】

所谓"泥包的金佛"就是用泥土包起来的金佛，意思是每个人都有清净的佛性，只是被无明所覆盖、染污，因而不得彰显，就好似金佛被泥土包住一般。不过，在佛教史上确实也曾发生过“泥包金佛”的不可思议事件。

据说，在泰国有一间寺院，寺院的旁边有着一堆高高隆起的土丘，远看就像座小山一样，几百年下来，寺院和土丘一直毗邻着，僧人也过着安分守已的日子。

直到有一天夜里，寺里的法师突然觉得黑暗中那座土堆在放光，“是错觉吗？”他心中满是疑惑。于是，第二天、第三天的晚上，在同一时间、同一地点，法师又仔细观察，果然，真有金光从土堆中放射出来。他心想：“这底下必定有什么东西。”

他便召集了一些人，来挖掘这座土丘，慢慢地头露出来、身体露出来，原来是一座黄金雕塑的佛像，非常灿烂，十分庄严；经过专家考证之后，发现这尊佛像已经有几百年的历史。当年因为战争，敌军即将来袭，信徒们为保护佛像，只好用泥土把它包起来，没想到，这一包就过了几百年；然而，除去泥土之后，佛像依然光明灿烂、庄严无比。

事实上，我们每个人都拥有光明灿烂、庄严无比的自性，也叫作佛性，只是没有显露而已。如《摩诃僧祇律》里说：“法性自天而然，集不能染，苦不能恼，道不能通，灭不能净，如云笼月不能妨害，却烦恼已，乃见法性。”佛性之所以无法彰显，是因为被烦恼、是非的尘土给覆盖住，好比明月被乌云笼罩，白米被粗糠包裹，金佛藏之于泥土，矿藏埋之于大地一般。

修行就是要去掉外在的糟粕，成就精炼的白米；拨去笼罩的乌云，露出皎洁的月光；铲去覆盖的泥土，采出丰富的矿藏。最后总要如“泥中的金佛”，去污泥、现金光，断无明、示真常。

若想要珍视自己“在圣不增，在凡不减，如如圆满”的佛性，就记得要时时勤拂拭，勿使惹尘埃。

【思考】

1. 试述佛性无法彰显的因素有哪些？
2. 你如何化解工作或修行的障碍？
3. 本文给我们什么启示？

【延伸阅读——白话百喻经】

有一只名作野干的小动物在树下，风吹断树枝，砸在它的脊背上，它吓得闭上眼睛，不敢看树，飞快地离开那个地方，直到日暮都不肯回去。它远远看见大树的枝柯被风吹得上下摇动，就说树在召唤它，随后又回到树底下了。

——（摘录）野干为折树枝所打喻

须弥与芥子喻

一个人有了大小、好坏互容之心，

胸量必然能含容虚空，

接纳一切，结果定是皆大欢喜。

【提要】

一根火柴棒可以烧毁一间房屋，你要说火柴棒小吗？它却可以发挥无穷的力量，要说房子大吗？又不敌一根火柴棒；可爱的婴儿虽小，在父母亲的心中却是宝贝，胜过千万两黄金，要说婴儿小吗？却是千万两黄金无法取代的。所以，大与小不拘于外在的形象，也不能用常理解读，唯有泯除自已对事物既定的观感，才能体悟无有分别、无有大小的甚深之道。

【正文】

“芥子”“须弥”是佛教里非常有名的名词。“芥子”是芥菜的种子，体积很小；“须弥”指须弥山，也叫妙高山，古代印度的宇宙观，须弥山是世界的中心，也是最高的一座山。这两个名相，通常被用来譬喻极小和极大。有趣的是，佛经里却说须弥和芥子两者是一样大。

这可就奇怪了，要把一个小小的芥子，放到大大的须弥山中，当然没问题。可是，要把这么大的一座须弥山，放进小小的芥子里，怎能容纳得下呢？所以，这也是为什么《维摩诘经》里，将“芥子纳须弥”的道理，称为“不可思议的解脱法门”。

《维摩诘经》经中提到：“须弥入芥子中，是名不可思议解脱法门。”依照字面来解释，是指以微小的芥菜种子，来含藏高大的须弥山。其更深一层的涵义，则在说明：众生常于现象界中，起种种的分别，譬如：这是大的，那是小的；这是方的，那是圆的；你比较漂亮，他比较丑陋；他是佛菩萨，我是众生等。太多的分别计较，反而让我们产生了颠倒妄想，无法看清事物的本体。因此，修行的目的，就是要超越这些对待差别。

尽管现象界上有大小、尊卑之分，然而在佛教的真理之下，则是“人人法性湛然，等无差别”“众生皆能成佛”。所以，禅宗常用“须弥纳芥子，芥子纳须弥”，来勉励学人能于大小、好坏、高低、方圆之中，有所超越，甚至将这些差异、对待都融成一体，不起分别。

当我们的心能够保持在平等、融合、超然的状态时，就能真正看到事物的本体，因此说最高大的须弥山，能与最微小的芥菜子互包互容。

一个人有了大小、好坏互容之心，他的胸量必然能含容虚空，接纳一切，结果定是皆大欢喜。所以说须弥与芥子大小一体，彼此融合，不起分别。

【思考】

1. 试述本文之大意。

2. 为什么说须弥入芥子是不可思议的解脱法门？

3. 请分享你修行的目的和心得。

【延伸阅读——白话百喻经】

从前有两个小孩儿到河里戏水，在水底摸到一把毛。一个小孩儿说："这是仙人的胡须。"另一个小孩儿说："这是熊的毛。"当时河边住着一位仙人，这两个小孩儿争论不休，索性就到仙人的住处，请他决断。而那仙人随即取了一把米和胡麻子，含在口中咀嚼后吐在掌上，对小孩儿说："我掌中的东西像孔雀屎。"这位仙人并没有回答他们的问题。

——（摘录）小儿争分别毛喻

第六章

玄 关

无论是家庭的生活，或个人的处世，
都要把玄关整理好，
才能够进入堂奥之地。

【提要】

玄关是访客入门的第一个印象，可以说是建筑物或住宅的咽喉地带，用在人际往来方面也可以是给人印象好坏的关键。个人的玄关有哪些呢？比如：穿着、谈吐、行仪，乃至个人办公桌之整齐清洁等习惯，都是给人印象好坏的重要因素；若要树立良好的形象，就必须从培养良好的习惯开始！

【正文】

玄关，出自禅宗《碧岩录》①里的一句话："当机敲碎，击破金锁玄关。"玄关，在日本人来讲，打开房子的门，要进去的那个地方，就叫玄关；这也是一个家庭的入口处。

有件有趣的事情，据说一些很高明的强盗或者小偷，当他们要选择哪户人家下手时，都会先去看看这个家庭的玄关。因为我们一回到家里，都是把鞋子脱在玄关这地方，高明的小偷从这里，就可以辨别这一家的状况。

例如：看到这户人家的玄关很凌乱，小偷就知道要在这里下手很容易。反之，如果看到玄关很整齐，东西收拾得很好，鞋子都收到柜子里，小偷们知道即使潜入这一户家中，想要偷窃东西，也不是一下子就可以拿到，因为主人会小心翼翼，收藏得很好，想要得手可没有那么容易。所以，一个家庭会不会让人入侵，看玄关就知道。

这样的分析，的确很有道理，因为玄关的意思，就是要进入深奥地方的一个关卡。假如能突破这个关卡，就能够登堂入室，进入那个玄妙的堂奥之地。所以，一个家庭玄关很整齐，小偷就不敢下手；反之很乱，就让人觉得很容易得手。

再把这个道理，应用到我们的为人处世上，假如一个人平常的言行举止、为人行事都很正派，很讲道理，不随便胡来，那么，这个人的形象，即如整齐的玄关一样，别人不敢随便侵犯，或去设计占便宜。

一个人如果平常为人迷糊，善恶不分，生活乱七八糟，也不在意什么是对的，什么是错的，不管在钱财或言语上，都没有一个规章，甚至不守规矩，那么，这个人的玄关就很凌乱。像这样的人，如果别人有心加害，或者想欺负、占便宜，是很容易下手的。

最后，再把这个道理，拿到我们做事上来看，譬如：我们在一家公司或者机关单位做事，假如平常我们做事态度很认真，对工作不马虎，这样子，表示我们的玄关很整齐，也才有因缘被提升到重要的职位，进入公司机关的内部核心。所以，无论是家庭的生活，或个人的处世，都要把玄关整理好，才能够进入堂奥之地。

【注释】

①《碧岩录》：宋代圜悟克勤大师所著，共十卷。内容即重显禅师的百则颂古和圜悟大师的评唱组成。在禅林享有盛誉，有“禅门第一书”之称。

【思考】

1.“玄关”有哪些涵义？

2. 生活中，应该注意的“玄关”有哪些？

3. 读完本文后，你有什么样的省思或启示？

【延伸阅读——白话百喻经】

有一名乐师在国王面前演奏，国王许诺给他一千个钱。事后他向国王索取，国王却不给他。国王说：“你方才演奏的音乐，只是使我耳朵得到快乐，过后就没了；我许诺给你钱，也是让你听着快乐，过后就没了。”

——（摘录）伎儿作乐喻

菩萨的住处

菩萨寻声救苦、处处游化，甚至以有病众生为家，

一方面拔除众生的痛苦，另一方面也施与众生快乐。

【提要】

《华严经·十回向品》说：“我当于彼诸恶道中，代诸众生受种种苦，令其解脱，菩萨如是受苦毒时，转更精进，不舍不避，不惊不惧，不退不怯，无有疲厌。”佛陀出生、修行、成道皆在人间，说明佛教是以“人”为本，广度有情的宗教。而“人间佛教”就是将佛陀的言教落实在生活中的佛教，因此所有佛教义理，如五戒十善、六度四摄、因缘果报等，都是人间菩萨行者精进修持、学习的范畴。

【正文】

菩萨住在哪里呢？有一首诗偈说：“菩萨清凉月，常游毕竟空，众生心垢净，菩提月现前。”所以，菩萨居住的地方是在毕竟空，而他居住的方式则是遨游于毕竟空中，这等优游情景是多么逍遥自在，令人称羡向往。这也因为菩萨已经断除烦恼，完成道业修持，达到无为解脱的境界，所以能常游于毕竟空中。

虽然如此，但菩萨并不是一直住在解脱无为的世界里，相反，他为了慈悲护佑众生，走入凡夫国土，修行时刻意不把烦恼完全断除，留下一分“生相无明[①]”，乘愿再来度化众生。

所以，菩萨寻声救苦、处处游化，甚至以有病众生为家，一方面拔除众生的痛苦，另一方面也施与众生快乐。维摩诘菩萨以“众生病，是故我病”来示疾说法；地藏菩萨不忍众生受苦而身入地狱；观音菩萨为众生祈福而遍洒甘露；常啼菩萨见众生迷痴而泪流千里。那么，身为佛弟子的我们，平日修持学习佛陀的慈悲，仿效菩萨的大愿，又将自己的身心安住在哪里？

曾经，有一位禅者在禅堂里修学了好几年，忽然有一天他说：“我要走了！”大家很吃惊，心想他是不是退了道心。于是，就有人默默跟在禅者的后面，看他要去哪里。不料，这位禅者竟走到十字街头，在那里打坐起来，一旁的人觉得很奇怪，问他在做什么，他说：“禅者应该是大乘菩萨，要广度众生。我如果不在十字街口打坐，又怎能知道众生是什么样子？我如果不知道众生，又怎能度化他们呢？”

中国的佛教是大乘佛教，也称为菩萨佛教。所谓“菩萨佛教”就是要行大乘法，广度众生，又因为是以人为主，所以也称为“人间佛教”。佛光山提倡“人间佛教”，主张打开山门、走入社会、弘法利生，就是大乘菩萨道。

期望每个人都能发挥自己的慈心悲愿，照顾那些能力不及我们的羸弱众生，这不只是一种修道方式，也合乎佛陀所谓的一代时教[②]，须应化[③]于世间的本怀。

【注释】

①生相无明：指菩萨为度化不同根器之众生，故不断烦恼，因缘示现利益于六道众生，进而趣入佛法的悲心。

②一代时教：指佛陀自成道至灭度之一生中所说的教法。

③应化：指佛、菩萨应众生之利益，而变现与众生同类之形象。

【思考】

1. 何谓“菩萨的住处”？

2. 维摩诘菩萨说“众生病，是故我病”的涵义为何？

3. 佛光山如何落实“人间佛教”？

【延伸阅读——白话百喻经】

有位师父，收了两个徒弟。师父患有脚疾，就让两个徒弟每人负责一只脚，随时给他按摩。这两个徒弟平时互相憎厌、嫉妒。其中一位外出了，另一位就把他应按摩的脚砸断。那位外出的弟子回来后，对此气愤不已，也将那人按摩的脚砸断了。

——（摘录）师患脚付二弟子喻

疾病即健康

疾病不是真的让我们有病，
而是教我们学会如何面对疾病、克服疾病，
这才是健康。

【提要】

明代妙叶法师在《宝王三昧论》提出“修行十不求”，第一便是“念身不求无病”，人在健康的时候，往往会忘却生病之苦，放纵贪欲，偶尔患病，方知身是苦，正好提醒我们世事的无常。所以佛陀说：学道的比丘要带三分病，有了这“三分病”，才会时时保持精进，发心向道。所以从这层面来看，疾病本身正是人生的一帖良药，能让我们维持着健康的状况。除了身体上的疾病外，有时疑心、妄心、执著也会成病，所以我们也要注意培养健康的心理，让自己成为自己的良医、良药。

【正文】

“疾病即健康”按照字面的意思是：有病就叫作健康。乍听之下，觉得很奇怪，一般人讲健康，就是要身体没病、心里没病，身心健全，才是健康，怎么会说有病就是健康呢？

这句话的正确涵义如下：人吃着五谷杂粮长大，当然会生病，佛法里也提到："人是五蕴和合之身。"既然是因缘和合的色身，自然会有生老病死的现象，所以生病是很正常的事情，只是问题在于，当疾病来临的时候，我们该如何去面对它。一个人能够坦然面对、战胜疾病，这才叫作"健康的人"；反之，有了病却敌不过，甚至倒了、输了，这都不叫作健康。

所以，健康的定义应该是：一个人能否正确地面对疾病。譬如一些有病痛的人，却不为疾病所囚，不会被它所限。社会上很多肢体残障的人，或者身带疾病的人，他们一样乐观地面对社会，积极地从事工作，这种能战胜疾病的人，就是健康的人。

有的人虽然生病了，但他会想办法去减轻病痛，俗话说久病成医，由于自己的疾病，或者亲人有病，而发愤图强，学医悬壶济世，这种人就是健康的人。所以，疾病不是真的让我们有病，而是教我们学会如何面对疾病、克服疾病，这才是健康。

《高僧传》记载着：慧嵬法师追随法显法师到印度取经，一路上历经千辛万苦。途中，有一次他在禅坐时，突然间面前出现了一个没有头的鬼，法师看到这情形，并没有被吓倒，反而说："好啊！没有头很好，以后就不会头疼啦！"

眼看吓不倒这个禅坐的修道人，这只鬼摇身一变，变成一个没有肚子的人，法师看了又说："好啊！没有肚子的话，以后省得腹痛泻肚子，太好了！"

这段话在表达什么呢？就算没有头、没有肚子，是疾病，是残废，但我们能够用一种超然的眼光来面对，把这样的缺陷转为好处，也就不会被它所囚，不会被它击倒。

所以，每一个人如果都能勇敢地面对疾病，不要老想自己是个有病的人，这才是健康的态度。

【思考】

1. 简述“健康”的定义和态度。

2. 你如何面对疾病？请举例说明。

3. 请撰写一篇读后心得。

【延伸阅读——白话百喻经】

有一个人，突然患病成了驼背，就去请医生治疗。医生用酥油涂在他的背，上下以木板夹紧，再用力挤压，让那位患者的两眼都要迸出来了。

——（摘录）医治脊偻喻

满汉全席

复杂、多方的教育固然好，

但有时候单纯一点，反而更能受益无穷。

【提要】

现代社会发展迅速、生活节奏紧张，若将“化繁为简”的智慧，运用在我们日常的工作及生活上，行事便能增加效率、提升成果。把语言对话简化，能减少流长蜚短；保持心意简单，可以消除彼此的猜疑和不安。只要从身外之物到心内方寸，都保持简单，必定能享有纯净恬美、轻安无忧的世界。比如佛教的戒法，一般人都认为相当繁复，便有人不敢出家，佛陀告诉那人，不必受二百五十条戒，只要严守“身不做坏事、口不说坏话、心不动恶念”三条戒即可。故贪多未必受益，凡事在于求精而非求多，才能体会事情的本质与所学之旨。

【正文】

一听到“满汉全席”这句话，就让人想起上馆子时，满桌的丰富菜色，美味的可口佳肴，不禁垂涎三尺。然而，根据真正吃过“满汉全席”的人说，当他吃完了百道高级山珍海味的满汉全席之后，人家问他："你吃了什么？"他竟然一点儿也想不起来。为什么呢？因为满汉全席要吃三天三夜，吃得太多了，吃到后来，到底吃过什么都忘记了。

现在社会上很流行吃饭的时候商谈事情，所以天天上馆子，餐餐吃饭店。有一位师父问做生意的信徒："你经常和人家在外面一起吃饭谈生意，到底都吃些什么呢？有哪些东西是很好吃的？"

信徒说："师父，记不得了，因为吃到后来都搞不清楚。"

所以，东西多、复杂，真的好吗？好比现在的有线、无线电视台，上百个频道，反而不知道要看哪一台才好，甚至转来转去，节目看起来都差不多，干脆不看了。过去，一份报纸只有一两张，每天大家都急着想看，可是现在的报纸一翻开，三四十个版面，真的不知道从哪里看起；尤其到了香港，当地的报纸太多、太复杂了，简直拿到手就怕了，反而怕麻烦不想看了。

以前的人只要有一部汽车，就很开心，现在的人如果想买一辆汽车，很伤脑筋，这一种款式，那一种厂牌，型号非常多，不知道该选哪一种才好。所以，有时候太过复杂，反而会让人烦恼。

有一名公务员，奉命出公差，回来以后，长官要他写一份报告。结果长官一看到他的报告，就皱着眉头说："怎么会这样？"

因为公务员在报告里只写了"主席宣布运动会开始"这几个字。

长官问他："你这是什么报告？运动会里有那么多的长官，那么多的节目，你怎么只写这一句话呢？"

他说："长官，你说得不错，是有很多贵宾致辞。可是每一个人都讲得很长，听到后来都不知道他们在讲什么。运动会的节目虽然很多，可是每一项表演都很花哨，到后来我也搞不清楚，究竟是游艺会，还是运动会？所以，只记得主席讲的一句话：‘我宣布运动会开始。’”

有时候，我们说了很多的话，但真正让人受用、有益的话，又有多少呢？就像上述的例子，还不如一句单纯的“运动会开始”，让人记得清楚，印象深刻。同样，在教学上或者教育子女，有时候也不一定要讲很多话。因此，禅宗里讲得最干脆——“言语道断，不立文字，直指人心”。

所以，复杂、多方的教育固然好，但有时候单纯一点，反而更能受益无穷，因为简单而容易明了。

【思考】

1. 你如何选择上百个电视频道？
2. 日常生活中，什么让你觉得太多或太杂？
3. 为什么单纯的教育反而更让人受益呢？

【延伸阅读——白话百喻经】

有五个人共买一个女仆，其中一主人吩咐女仆说：“给我洗衣服。”接着另一主人也说要洗衣服。女仆就对第二个主人说：“我先给第一个人洗。”第二个主人气愤地说：“我与他一同出钱买了你，为什么先洗他的？”就鞭打她十下。就这样五个主人都各打了女仆十下。

——（摘录）五人买婢共使作喻

无量寿

把善行德风留传下来，教育后代子孙，

我们的生命就能够无量寿了。

【提要】

“阿弥陀佛”四个字，译成中文就叫“无量寿”“无量光”。“无量寿”是超越时间的意思，“无量光”是超越空间的意思。尽管在无限的时间里，寿命有长短，在无限的空间里，也有远近的区隔，但是宇宙供我们生存，必定有其共生共存之道。其实，人的一生除了有形的生命长短外，尚有善行德风，以及宗教信仰等无形的道德寿命，故平日除了注意保健，延续有形的生命外，更应让无形的道德与信仰，长久地延续下去。

【正文】

佛教里讲到“无量寿”，指的是阿弥陀佛，此外，还有生命是无限、永恒的意义。

有一位年轻太太，她的先生是很有名的运动选手，很不幸在一次车祸当中，先生去世了。这位太太为此几乎活不下去，许多朋友都很为她挂念。后来，这位太太干脆躲起来，让别人找不到她。

但是，事隔五年以后，在一个小镇里，有间颇负盛名的面馆，老板娘的手艺非常好，尤其她煮的面特别好吃；后来，才发现到原来面馆的老板娘，就是当年那位运动选手的太太。

老板娘每天都笑容满面，神情非常开朗，再加上她的面非常好吃，味道很特别，因此慕名而来的客人越来越多。

于是，有人访问她："你如何从逃避、隐藏的过去，走到能够开朗、勇敢面对的现在？"

老板娘说："原因就是，我发现我先生并没有离开我，他还活着。"

"你先生不是在二十八岁就出车祸死了吗？怎么还会活着呢？"

老板娘说："不！我先生是无量寿，他还活着。"

"他在哪里？"

老板娘说："他活在我的孩子身上，因为我从孩子身上，看到了我先生；他活在我们的家里，无论是衣服、物品，都有先生的影子，所以他并没有死。只要我在这世间上一天，他的生命就永远活在我的心里，所以这一股力量，让我能够重新站起来。"

这位运动选手虽然已经往生，但他的精神，永远活在太太的心中。

长寿，是每一个人都想要的，即使佛家的弟子也不例外。有一次，良宽禅师的一位功德主过生日，请禅师来家里诵经求寿，良宽禅师在替这位信徒祈求前，问道："你想要求几岁啊？"

信徒说："师父，我现在已经六十岁，只要能够活到八十岁，我就很满足了。"禅师回答："八十岁，不过二十年，一晃就到了，太少了，太少了，你可以再求多一点。"

信徒说："那么，求一百岁好不好？"

禅师听了，说："啊！太少了，太少了。"

信徒说："师父，有这种事吗？那我到底要求多少呢？"

禅师说："你应该求无量寿。"

什么叫作无量寿？这个身体是虚假的，是会坏的东西，真正的生命是不会死的。什么是真正的生命呢？生命不仅表达在肉体上，也表现在一个人能够留下什么给后代子孙。倘若我们留下的是金钱和事业，这些是不会长久的。唯有善行功德、虔诚信仰，才能够延长我们的寿命；所以，把善行德风留传下来，教育后代子孙，我们的生命就能够无量寿了。

【思考】

1. 试述"无量寿"的真正涵义。

2. 为何说真正的生命是不死的呢？

3. 这篇文章给你什么启示？

【延伸阅读——白话百喻经】

有一条蛇，蛇尾对蛇头说："我应该走在前面。"蛇头对蛇尾说："我一直走在前面，为什么突然要变换位置呢？"蛇头仍然坚持走在前面，但蛇尾缠住了树，使头无法行走。于是就让蛇尾走在前面，不久蛇就掉进火坑，被活活烧死了。

——（摘录）蛇头尾共争在前喻

生命的光辉

不要光怨叹自己身上发生的苦难，

应该去思索为什么我要活着，

生活的意义及生存的目的究竟在哪里？

【提要】

佛经说，忍能止诤，能息怨，忍则众恶无喧。对人间的生老病死、忧悲冷暖、功名利禄、横逆侮辱能安忍不动，自有一种养深积厚的力量，与认清缘起缘灭的智慧，而能于悲欣人间往来无碍，成就大事。文中的司马迁、鸠摩罗什大师诚如明朝吕坤所言："不为外撼，不以物移，而后可以任天下之大事。"

【正文】

司马迁是我国历史上很有名的史学家，尤其他所撰写的《史记》，在文学和历史上，有着深远的影响。司马迁为什么能有如此伟大的成就？是什么样特殊的经历，让他的生命绽放出璀璨的光芒？

在汉武帝当朝的时候，臣子李陵奉命带兵去和匈奴打仗。可是，匈奴太强悍了，李陵打不过，最后兵败被俘，投降敌军。这件事对汉朝而言，当然很没有面子，汉武帝十分震怒，下令诛杀李陵的亲人。

可是，司马迁了解李陵不是贪生怕死之人，必定有相当的理由，否则他不会投降敌人。因此，司马迁在朝廷上极力为李陵辩护，终于激怒了汉武帝，一气之下，对司马迁处以宫刑。

所谓宫刑，就是把男子的生殖器给割掉。在古代是非常丢脸的事情，可以说是奇耻大辱。很多人受到这样的处罚之后，只有自我了结一途，但是司马迁并没有自杀。

他的朋友、同僚看了以后，对他很瞧不起，认为司马迁没有骨气，受了这样的惩罚，竟然还这么泰然地活着。可是，司马迁既不辩解，也不改变态度。

为什么司马迁要在种种的侮辱下，以及所有人轻蔑的眼光中活下去呢？因为他要搜集更多的史实资料，为当代留下历史。为了完成《史记》这项伟大的任务，在如此奇耻大辱下，在一般人认为苟且偷生的揶揄中，司马迁坚毅地活了下去，这需要极大的勇气，也唯有这种大勇气之人，才能散发出生命的光和热。

东晋时代的鸠摩罗什大师，也是一位大勇之人。为了来到长安翻译佛经，他曾经被困在凉州，过了十几年屈辱的生活。虽然如此，他并没有退缩或自杀，为了要把佛法弘传到中国的伟大使命，罗什大师反而潜沉待机，最后终于来到了中国弘法，完成伟大的译经事业。

所以，不要光怨叹自己身上发生的苦难，应该去思索为什么我要活着，生活的意义及生存的目的究竟在哪里？这些才是值得我们去注意探索的。

【思考】

1. 试述生活的意义及生存的目的。

2. 你从司马迁和鸠摩罗什大师的身上学到什么?

3. 略述一位值得效法的名人事迹。

【延伸阅读——白话百喻经】

从前有个人，头上没有头发，冬天怕冷，夏天怕晒，加上蚊叮虻咬，昼夜不得安宁，苦恼不堪。有一位医生，懂得许多治病的方法。这秃子便到医生那儿去，对医生说:“希望大师为我治好秃头的疾病。”而那位医生也是个秃子，就脱下帽给他看，并对他说:“我也患有这个病，也为此而痛苦。倘若我能医好，应先治好自己的病，解除这般苦恼。”

——(摘录)治秃喻

精进如援兵

有了精进力，就像有了支架支撑，
有了后援兵力的帮助一样。

【提要】

菩萨六度万行中，包含布施、持戒、忍辱、禅定、智慧等五度，如果没有精进，则布施容易灰心；没有精进，持戒容易毁犯；没有精进，忍辱不够力量；没有精进，禅定不能冲过玄关；没有精进，智慧不能证悟圆成。所以菩萨的六度，其他五度如果没有精进，不能圆满完成，可见“精进”是六度中重要的一环。

【正文】

当两军在作战时，其中一方虽然实力坚强，有制胜的希望，但有时因兵力不足而惨遭落败。在这种紧要关头，如果能有后援兵力的帮忙，往往可以转败为胜。

有一次，弥兰陀王跟那先比丘在讨论佛法的时候，提起了菩萨的六度修行。六度，是指布施、持戒、忍辱、精进、禅定、智慧，六种可以度过生死、轮回的方法。其中，“精进”这一项，是指菩萨的修行必须持续不断，才能够渡过一切的生死厄难。

精进有如后援的兵力一般，当前面打仗的部队已经力不从心，甚至后力不继了，此时后援的军队能够立即上前支援，就不至于落败。同样，一间房子已有点摇晃，如果能赶紧用支架，把它支撑住，那么这间房子就不会坍塌下去。所以，无论是后援部队或房屋支架，都是一股困难中支持的力量，在人生的旅程上，“精进”就是这股支持的力量。

社会上有许多人在做布施、持戒、忍辱等菩萨行，有时是发心在宗教团体里做义工，有时则在社会服务处奉献。即使是这样的牺牲付出，仍难免会遇到一些困境，有些人因此就灰心，甚至对自己的付出，起了怀疑或负面的想法。

例如：“我是一片好意才来帮忙，是发心义务的，竟然还要受气，还要受到委屈，不如不要来算了！”这么一来，发心就退缩，不想再做善事了。甚至，有时看到坏人意气昂扬的样子，也不免动念：“做好人很辛苦，反而那些坏人好像过得很得意，做好人真的有用吗？有价值吗？”于是心里就泄气退缩了。

这时候，必须依靠精进的力量，才能让我们勤勉不懈地继续前行。因此，当我们遇到挫折的时候，要换个角度想：“我不能懈怠，必须继续努力。”受了委屈，受了挫折：“没有关系，我更应该继续加油。”此外，精进的力量也可以从宗教的信仰上获得。

佛经里常讲精进是支撑我们行善修道的重要力量，做好事时如果能精进，就不会中断；做好人如果懂得精进，就会日趋完美。无论学习或工作上，乃至做义工，如果有了精进力，就像有了支架支撑，有了后援兵力的帮助一样。我们对人、事也就比较不容易灰心，不容易感到失望，更不会自怨自艾“狗咬吕洞宾，不识好人心”了。

【思考】

1. 何谓“六度”？

2. 为什么“精进如援兵”？

3. 文中哪一句话让你最为受益？为什么？

【延伸阅读——白话百喻经】

从前有两个人同行，看见有人拉着一车胡麻在陡峭的路上上不去。这时拉车者对那两个人说：“请帮我推车走出这个斜坡。”这两个人回答：“给我们什么东西作为报酬呢？”拉车的人说：“无物给你们。”这两个人帮他推到平地，就对拉车的人说：“给我们东西吧！”他说：“无物可给。”其中一人又要求说：“就给我们无物吧！”另一人笑着说：“他不肯给，何必相逼呢？”原先那个人说：“他说‘无物给我们’，那必定有无物。”前一个人说：“所谓无物，只是两个字组合起来，是个虚假的名称。”

——（摘录）索无物喻

谁最尊贵

一个人在社会上从事的工作，
能不能得到人家的尊重，
跟我们本身的工作态度，有很大的关系。

【提要】

人在社会上立身处世，不一定要很有地位，但要活得有尊严。尊严不是皇家贵族，或是有地位的富者才有尊严，计程车司机、摆地摊儿的小贩，或是清道夫、临时工，他们也都有尊严。人纵使在财富、地位上可以分高低，但彼此所有的尊严，都是同等的价值，同等重要。

【正文】

每一个人都认为自己有自尊心，每一个人也都很希望受到别人的尊重，甚至只要有一点点被伤害，或者有一点点感受到没被对方尊重，我们就会很在意、很挂记。可是，我们也常常看到，很多需要别人尊重的人，事实上，最不尊重的，通常就是自己。

譬如：参加一场宴会，在这样十分讲究风度、气质、谈吐的场合，有时会有人在那里大声讲话、叫嚷，甚至嬉笑。这时候，如果有人走过来劝告："对不起，请你小声一点。"受到这样的劝告，一些不明理的人，不但没接受，反而说："你干涉我这么多，伤了我的自尊心，你有没有想到我的尊严啊！"

实际上，在人家还没来劝告前，这样的人就已经伤害了自己。同样，一个人在社会上从事的工作，能不能得到人家的尊重，跟我们本身的工作态度，有很大的关系。假如我们很敬业，很恭敬地来从事，并认为这份工作很神圣，相信别人绝对不敢随便轻视。

就以飞机上的空中小姐为例，如果按一般世俗的眼光来看，空中小姐不过是个端茶、端饭、端水的服务人员，和餐厅里的服务生一样。可是，为什么大家认为空中小姐的职业很高尚呢？因为她在从事这份工作的时候，即使端出一杯水，不但东西的品质好、干净，甚至服务态度高雅，对客人尊重亲切；因为空中小姐以这种庄严的态度来工作。相对地，这些被服务的客人，自然也觉得应该要对人客气，所以无形中空中小姐就拥有了尊严。

过去，新义真言宗有一位宗主叫"慈觉大师"，小时候他很崇拜父亲，因为他的父亲是京师里的捕快，也就是现代从事治安工作的警察。这个男孩觉得父亲真了不起，能把坏人给抓起来，全城的治安就是父亲在管辖的，所以他觉得：我应该以父亲为榜样来学习。

可是，有一天，他看到父亲跟同事在喝酒，酒席上找来了几个女人陪酒。这时候，那种放浪形骸的样子，可以说是毫无尊严，儿子看到以后，觉得："我所崇拜的父亲，怎么会是这个样子呢？"后来，他决定："我的人生，不再追求父亲这样的工作。"他就去出家当和尚，因为他觉得做一个出家人，追求成佛作祖，才是最有尊严的。所以，谁最尊贵？不是由别人来替我们定位，而是要看我们自己的作为如何。

【思考】

1. 工作时，我们应具备什么样的工作态度?

2. 试述一项你认为最尊贵的工作，并述其理由。

【延伸阅读——白话百喻经】

从前有一位富有的长者，身边的人都想讨得他的欢心，都对他十分恭敬。富翁吐痰时，左右服侍的人马上就用脚抹掉。有一愚人，总是抢不到抹痰的机会，就自言自语:“若是等痰吐在地上，别人就会先抹掉，我应趁他想吐的时候，就先去蹋抹它。”于是在长者正咳着要吐的时候，这人就举起脚，蹋在长者嘴上，踢破了唇，牙齿也断了。长者问他:“你为什么要踩我的嘴? ”愚人回答:“如果等您把痰唾在地上，周遭想讨好您的人捷足先蹋了。我虽想蹋，总是赶不及。所以，在您将要吐痰时，抬脚先蹋，希望得到您的欢心。”

——（摘录）蹋长者口喻

人生如戏

原来时空不一样，场合不一样，

职务不一样，所扮演的角色就不相同。

【提要】

戏剧有喜剧、悲剧、闹剧、丑剧，人生的舞台上也同样会上演这些不同戏码。明代憨山大师有一首偈云：“休得争强来斗胜，百千浑是戏文场，顷刻一声锣鼓歇，不知何处是家乡。”人生舞台虽有悲欢离合、得失顺逆，毕竟有剧终落幕的时刻，不需要太计较，也不应太执著。最重要的是，要客观衡量自己的角色，时时反省、修正，把人生这场大戏，演得台上台下，皆大欢喜！

【正文】

我们常说“人生如戏”，如何才能够演好人生这出戏剧？那就是无论扮演什么角色，都要认真卖力，恰如其分。

有一位经常得奖的著名演员，不管她扮演少妇、老人，或是哪一种角色，总是演来逼真，入木三分。有一次，记者访问她：“演戏有没有什么决窍？为什么你每次都能够演得那么好，把每个角色都发挥得淋漓尽致？”于是，这个演员提起小时候的一段往事：她读小学的时候，母亲是学校里的一名教员，有一次，她在运动的时候，忽然流鼻血，身上没有带卫生纸，于是赶快跑到办公室大叫："妈妈，我流鼻血了，给我卫生纸。"

母亲看她流着鼻血进来，心里非常紧张，赶忙把她带出办公室。一边递卫生纸给她，一边严肃地说："我不是告诉过你吗？在家里，你是妈妈的孩子，想要跟妈妈说什么都可以，但是在学校里，你是学生，我是老师，你有问题应该要找导师才对。"

那时候，她恍然明白，原来时空不一样，场合不一样，职务不一样，所扮演的角色就不相同。妈妈在家里是妈妈，可是到了学校，妈妈就成了老师，不是妈妈了。

同样，即使一家公司是属于家族企业所有，爸爸做董事长，儿子当职员，做儿子的也不能因为有了这一层关系，就随便找会计要钱。此外公司里的事情，财物的支领，也都有一定的职场规范和伦理，必须恪遵其职，按部就班地来执行。

在人生的舞台上，我们之所以演不好戏，就是因为经常把角色给混淆了。每个人的一生都要经历过童年、青年、成年、老年的不同时期，扮演着小姐、太太、母亲、阿嬷，或是先生、丈夫、父亲、阿公等不同的角色。但是，无论在哪一段时期，扮演哪一个角色，都要演得认真、演得像；总不能演完阿嬷之后，又要倒演三岁小孩儿，程序、角色就错乱了。

因此，即便是"人生如戏"，如果是为人父母者，应该要有一些可以作为孩子典范的言行。但愿在人生的旅程上，我们每个人都是可以得奖的优秀演员。

【思考】

1. 文中女演员成就的秘诀是什么？

2. 试述你在生活中所扮演的各种角色。

3. 当角色冲突时，你如何处理？试举例说明。

【延伸阅读——白话百喻经】

从前在印度的摩罗国，有一个官员得了重病，知道自己要死了。于是告诫自己的两个儿子："我死之后，要妥善分好财产。"两位儿子依循父亲的遗教，在父亲死后，把财物分成两份，但是哥哥认为弟弟分得不公平。这时有一位老者说："我教你们平分财物的方法，一定可以分得平等合理。就是把现有的财物从中间破为两半。"如何破呢？就是把衣裳从中间剪开，盘子也从中间破开，所有瓮都从中间剖成两半，钱币也是破作两半。这种平分财产的方式，为人所讥笑。

——（摘录）二子分财喻

道行如真金喻

一个真正有修行、有定力的人，

遇到紧急状况，也能临危不乱，沉着应对。

【提要】

在这世间，我们若能尊重异己的存在，找出内心的平衡点，随缘生活，随遇而安，随喜而作，随心而住，凡事就能坦然释怀！况且世界并非只有我一人，掌声、光荣并非一定要集中在我身上，有时条件越好的人，越容易受到别人的排挤、毁谤，所以对不友善的眼光和态度，我们要怀着一颗悲悯的心。在处事上，凡事不要操之过急，采低姿态较易生存，何况真金不怕火炼，污泥能长出莲花，没有挫折、逆境如何陶冶力量？

【正文】

“道行如真金”这句话出自禅宗的《五灯会元》[①]，道行是指修道的功行，真金就是纯的黄金，因为真正好的黄金是不怕火炼的，甚至将真金放到火里，它会更加鲜艳夺目，因此说“道行如真金”，而这也是比喻修道的功力已经十分高深，不怕各种的考验磨炼。

过去，有一位云居禅师，据说他的修行功夫了得，但长相很平庸，如果仅从外表判断，很难让人看出他高深的修行功夫。有一次，云居禅师被邀请到某寺担任住持，由于他看起来客客气气，又好像有点笨拙的样子，因此寺里的老信徒都很担心。他们想：“怎么派这样的人来，这个新住持到底行不行啊？”所以信徒们决定给他一次考验。

云居禅师有一个习惯，每到深夜他就会到后山的山洞里打坐，一直到天亮才回来。在到达山洞以前，必须先经过一片黑暗浓密的树林，于是信徒们决定要在树林里试验他。

这一晚，云居禅师又照往例穿过树林，黑暗中什么也看不清，突然间一批人从树上跳下来，把他的头压倒在地上。原本大家都想等着看好戏，可是出乎意料，云居禅师竟然没有一点反应，既没叫也没挣扎，这时候大家都很担心，害怕禅师被压死了，于是连忙松手察看。没想到，这些人的手一放，云居禅师又立刻站起来，继续走路，仿佛根本没发生过这回事一样，这个情况把这些老信徒吓了一大跳。

第二天，有信徒问：“禅师，听说你昨晚遇到鬼？”

禅师回答：“不，我没有遇到鬼。”

“你不是被鬼压在地上吗？”

“噢，那不是鬼，那是人，因为压在我头上的那只手是温的，所以我知道是人，不是鬼。”

一个真正有修行、有定力的人，就是有这份功夫，纵使遇到紧急状况，也能临危不乱，沉着应对，所以说“真金不怕火炼”。

常有些人自夸他做了多少善事，念了多少声佛号，听了多少佛法，但是不妨扪心自问：“我的慈悲心是否有培养起来？我的智慧是否也跟着增加？”如果我们的慈悲心具足，就不会去憎恨别人，如果我们的智慧增加，就能够处事明理；假如我们连这一点都无法具足，那又怎能说是“真金不怕火炼”呢？

【注释】

①《五灯会元》：南宋僧普济撰。指《景德传灯录》《天圣广灯录》《建中靖国续灯录》《联灯会要》《嘉泰普灯录》，撮要汇为一书。其内收录过去七佛、西天二十七祖，东土六祖以下至南岳下十七世德山子涓嫡传付法禅师之行历、机缘。

【思考】

1.“道行如真金”比喻什么？

2. 云居禅师的故事给你什么启示？

3. 如何培养慈悲心和增加智慧？

【延伸阅读——白话百喻经】

有两个人到陶匠师傅那儿，看他脚踏转轮做瓦瓶，看得着了迷。后来其中一人先离开，前往参加盛大的宴会，吃到丰盛的膳肴，又获得了珍宝。留下来观看制作瓦瓶的那个人却想：“还是等我看完再说吧。”就这样时间逐渐流逝了，直到太阳下山，连吃饭都错过了。

——（摘录）观作瓶喻

第七章

一片白云

只要我们用心去感受清风吹拂，
就会拥有无限的欢喜，
随时随地都可以将欢喜拥抱在心中。

【提要】

佛经曾说五欲如蜜，当一个人坐拥财富、名位、爱情时，就无法体察世间为苦。一般人不明苦的由来，只追求世乐，以填补身心的不安、无以名状的深壑，以致轮回复轮回，没有出期。比方生老病死、怨憎会、爱别离等境，逼迫身心忧恼不安。只是一味耽溺在苦的表象，就不得体会佛教谈苦的究竟原因。佛教说苦，不是消极的知苦，沉溺于痛苦之中，而是积极的离苦，超越痛苦的桎梏、束缚，升华苦才是谈苦的本意。

【正文】

在人生的旅途中，我们常说："欢喜就好，不管做什么事情，能够欢喜最为重要。"可见欢喜是人人想要、梦寐以求的。

我们除了追求欢喜，更希望能常常保有欢喜，如何才能达到这个目标呢？有人说："我以拥有很多金钱财富而欢喜。"也有人表示：

"我为爱情而欢喜。"或者是："我因在工作上表现杰出而欢喜。"

然而，以佛教的立场而言，这些欢喜既不彻底也不长久，所以称为"坏苦[①]"，也就是这些欢喜会消失、不长远的意思。譬如爱情，它会随着周遭的环境而起变化，让人感到痛苦；金钱、名利、地位都会跟着其他的因素发生变化，所以这种追求欢喜的方法并不究竟。

那么，我们应该如何来追求欢喜呢？

唐代有位贾岛禅师，是很有名的诗僧，在他的作品里，有一句诗"僧敲月下门"，可以说广为人知。

有一天，皇帝特别去探望贾岛禅师，正巧禅师不在，侍者说："师父上山去采药了。"

"常常去吗？"

"是的，常常上山采药。"

皇帝实在想不通，山上有什么好的，为什么禅师常常上山。

又一日，皇帝遇到贾岛禅师，问道："听说你常常上山采药。"

禅师回答："是的。"

皇帝问："山中有何乐趣？"

禅师说："山中有白云，有清风，有鸟鸣。"接着又说："陛下，很可惜！那一片片飘动的白云，我没有办法用袖袍带回来送给你。"

皇帝一听，深深感受到禅师心中的欢喜。

所以，山上有什么乐趣？山上有什么欢喜？一片白云从眼前飘过，那种美，那份欢喜，不用花钱，也不必求人，随时随地都可以拥有。只要我们用心去欣赏白云，只要我们用心倾听鸟儿歌唱，只要我们用心去感受清风吹拂，就会拥有无限的欢喜，随时随地都可以将欢喜拥抱在心中；因此，一片白云也可以让我们拥有不消失的欢喜。

【注释】

①坏苦：指对所爱之人或物，因死亡破坏之变化所生起之苦感。又作“变异苦”。

【思考】

1. 试述本文之大意。

2. 如何常保一颗欢喜心？

3. 你如何追求不灭的欢喜？

【延伸阅读——白话百喻经】

从前有个人，来到大池塘边，看见水底有金子的影子，就喊：“有金子。”立刻跳入水中翻泥觅求，累得疲惫不堪却什么也没找到，便回到岸上坐下来休息。过一会儿，水变清了，又现出金子的色泽来，他再跳进去翻泥觅求，还是找不到。他的父亲来找他，看见儿子这番模样，就问：“你在做什么，累成这个样子？”儿子说：“水底有金子，我却怎么找都找不到，累到不行了！”父亲一看，就知道这是由于树上金子倒映在水底的缘故。父亲说：“一定是飞鸟衔来放在树上的。”于是，儿子就按照父亲说的话，在树上找到了金子。

——（摘录）见水底金影喻

铁杵磨针

只要有恒心、有耐力，

不可能的事都会成为可能。

【提要】

“欲得工夫深，铁杵磨成绣花针”，达到深厚功夫的过程里，得具备忍力与精进力。精进，是致力于善法不退失，如同烧一壶水，火一旦熄灭，就不可能有煮沸时，这不熄之火，即是精进力。所谓“推春日久功夫熟，祖宗勘挑无尽灯”，好功夫绝非一年半载可成，如果没有十年寒窗的忍耐、钻木取火的持恒、十年磨一剑的养深积厚，功夫也是有限的。

【正文】

李白是一个非常了不起的文学家，据说他小时候读书很没有耐心，常常读到一半，觉得辛苦，就半途而废。

有一次，他经过某个地方，看到一位老太太，手里拿了根很粗的铁棍，蹲在那里磨。

李白觉得很好奇，问她：“老太太，你磨这根粗铁棍，要做什么呀？”

老太太说:“我要把它磨成绣花针，好用来缝衣、绣花呀！”

李白说:“那么大的铁棍子，怎么能够磨成针呢？”

老太太说:“当然能啊！”

“铁杵磨针”的事例，给了李白很大的启示，他从此以后奋发图强，终于成为伟大的诗人。

从这件事让我们想到“天下无难事，只怕有心人”，只要有恒心、有耐力，不可能的事都会成为可能。所以，年轻人初入职场工作，或者刚开始学做生意，都必须要有铁杵磨针的耐力。

我们想学习某种技艺，如果缺乏耐力，是绝对学不成的，哪怕仅是学习当个美容师，做个剃头匠，或想成为做衣服的裁缝师，也都是一样。只要我们有耐力，不但能够把这份技艺学好，还可以学得非常精巧；相反地，如果缺乏耐力，根本就学不成。

又如我们学做生意，如何把生意做好，在同行之中，如何才能够出类拔萃？必须有恒心、耐力，来研究生意要怎么做，研究商品要怎么制造，否则的话，难以出人头地。

同样，即使在一个家庭、一个团体，或公司行号里，如果我们是负责管理的人员，要怎么做才能让人事协调呢？必须有铁杵磨成绣花针的耐力。有时，人事的问题，不是一次、两次，或一句话、两句话，就能够解决的，必须很耐烦地跟对方沟通，很有耐心地听他倾诉，用心去了解，一次又一次地鼓励、教导对方。假如我们能够培养这种耐烦的力量，那么无论在带领公司，或者管理家庭上，必然对每个人都能深入了解，而且处事得宜。

【思考】

1. 试述本文之大意。

2. 你认为要成就事业，除了耐力还须具备哪些条件？

3. 请分享另一则“铁杵磨针”的故事。

【延伸阅读——白话百喻经】

婆罗门教的教徒都说：“大梵天王是世间之父，能创造万物，是万物的主宰者。”其中，有一位门徒说：“我也能创造万物。”这个人其实是愚昧无知，却自以为聪明。他对梵天说：“我想要创造万物。”梵天对他说：“不要有这个念头，你是不能造出万物的。”他不听梵天的话，就开始动手造物。梵天见其所造之物，就说：“你所造之物，头太大，脖子太细；手太大，胳臂太小；脚太小，脚后跟太大。”所造出来的人物，就像腹如沧海，咽喉如针的饿鬼王一样。

——（摘录）梵天弟子造物因喻

布施如穿针引线

布施本身就是福报，
能够引发很多的善心，
把我们的缺失补救起来。

【提要】

菩萨六度万行以“布施”为首要。迦旃延尊者为贫穷老妪说布施去贫法；阿育王前世孩童时期，布施佛陀一掬沙土，后来成为转轮圣王；须达长者布施精舍，至今仍在忉利天宫享福。布施的重要性和功德，由此可见。佛教里将“布施”分为：财施、法施、无畏施三种，而布施首重在“净心”，心意改善了，处处善美，也因此说行布施如穿针引线，能使我们的人生更加圆满。

【正文】

布施是佛教里讲得最多的一项修行，意思是给予、施舍、喜舍。一般来说，做了布施就有福报，因此许多人便说：“我今天捐了多少钱，我有福报了。”虽然话说得没错，不过布施还有更深一层的意义存在。

譬如衣服有了破洞，我们要把它缝补起来，必须使用针和线。

布施好比那根针，而布施所种下的福德因缘，就像是缝衣的线，因为布施可以为我们带来许多善缘好运，将人生的残缺破洞给圆满起来。

有些人生来就很自私，凡事总先为自己的利益着想，但他如果开始行布施之后，会发现原来凡事不能只为自己考量，也要关照到别人；渐渐地，从布施中培养出慈悲喜舍的美德，开启内心无穷尽的宝藏。

人与人的相处之中，总有一种看不见的隔阂。假如我们肯对别人布施，例如：见面时一个微笑，对方有难时伸出援手，适度的赞美、经验的分享等，常常布施给予别人这种欢喜，久而久之，大家会觉得与你相处，还蛮不错的，人际的隔阂自然能消失于无形。

有些人对金钱财宝非常执著，甚至贪欲心很重，或者十分悭吝，事实上如果肯舍得布施，这一切的情况都会有所改变，而我们的心性也能转向至真、至善、至美，乃至生起为人着想的菩萨心肠。所以，布施本身就是福报，但最大的意义在于它能够引发很多的善心，把我们的缺失给补救起来。

古德有言："面上无嗔是供养，口里无嗔出妙香，心上无嗔无价宝，不断不灭是真常。"但愿我们都能时时布施微笑、爱语和欢喜，处处给人信心、希望和方便，那么无论到哪里，必定通达无碍。

【思考】

1. 为什么说布施如同穿针引线？

2. 日常生活中，你如何行"布施"？

3. "财施、法施、无畏施"三种布施，你觉得最容易做到的是哪一种？为什么？

4. 请分享一则曾经令你感动的布施事迹。

【延伸阅读——白话百喻经】

从前有一个人，病得很严重。经过医生的诊断，必须经常吃雉鸡的肉才可能使病情好转。于是这位病人就去市场买了一只鸡，吃完后就不再吃了。不久，医生看到他就问："你的病好了没有？"病人回答："大夫您先前教我要经常吃雉鸡的肉，我吃完一只后，就不敢再吃了。"医生又说："既然吃完了一只，为什么不再继续吃呢？你现在只吃了一只，怎么能指望把病治好呢？"

——（摘录）病人食雉肉喻

念经行经

诵经除了口诵心念外，也必须努力奉行，

这才是真正的接受佛法，也将获益无穷，受用不尽。

【提要】

佛教重视解行并重，常以“修福不修慧，大象披璎珞；修慧不修福，罗汉应供薄”一偈提点，经文最后也常以“信受奉行”表示听闻佛说后，须躬身实践、依法而行。净土宗更以“信愿行”为三资粮。理论须与实践互印证，始能体悟真理，所以说：“如人饮水，冷暖自知，不假于言传也。”

【正文】

我们都知道“经”是佛陀所说的，然而为什么会有这么多部经呢？因为众生的烦恼很多，毛病也很多，因此佛陀说了很多的方法，告诉大家怎么去对治。佛陀也像医生，他所讲出的经典，就是解决我们人生问题的药方。

尽管医生开了处方，如果病人不服用，光看病也是没有成效。同样，对于佛陀所说的法，如果我们只是读诵而不实践力行，不体悟经典中的道理，就好像光看医生却不服药，病又怎么会好呢？

所以，除了诵经外，还要行经，实践佛陀在经典里告诉我们的方法，譬如《普门品》提到“慈眼视众生”，以慈悲的眼睛来看待一切众生。早晨我们诵经之后，出门上班，到了办公室，对待同事，乃至顾客，是不是有力行慈眼视众生？假如我们看这个也讨厌，看那个也不欢喜，一整天情绪不好；甚至回到家里，连看到家人、孩子都觉得厌烦、生气，那么我们虽然诵了《普门品》，“慈眼视众生”这颗药却没有吃下去啊！

乃至念《金刚经》时，经文里告诉我们要“应无所住，而生其心”，意思是凡事不要太执著，因为一旦心有所住，起了执著，就会升起不舍的痛苦。早上念了《金刚经》之后，刚巧遇到人家对不起我的事，或者有哪件事情不合我的心意，第二天我还会对这件事念念不忘吗？如果是的话，那就只有念到《金刚经》的经文，却没有行经了。

在《华严经》里，善财童子参访五十三位善知识，他把每一位善知识，都当作是自己的老师，认真学习，谦虚受教，因此获益良多。同样，诵经除了口诵心念外，也必须依着佛陀所说的教法，努力奉行，这才是真正的接受佛法，也将获益无穷，受用不尽。能够做得到这一点，念经才是真有用，所以说念经还要行经。

【思考】

1. 何谓“行经”？请具体说明。
2. 经典所说的哪一句话，让你最为受用？
3. 请分享“善财童子五十三参”其中一则故事。

【延伸阅读——白话百喻经】

从前乾陀卫国有一群江湖艺人，因为岁时饥馑就到外地去觅求生计。途经婆罗新山，而这座山经常有许多恶鬼和吃人的罗刹。当时天色已晚，艺人们就留在山中过夜。山中寒风凛冽，他们就燃火而卧。半夜里，有一位比较怕冷的艺人，就起来披上演罗刹鬼的戏服。这时，有一个人从睡梦中醒来，突然看见火堆旁有一罗刹鬼，也不仔细看清楚，拔腿就跑。于是惊动了所有的人，大家全都跟着逃奔。这时，那位穿罗刹衣的人，也跟在大家后面飞奔。众人看见他在后面追赶，以为罗刹想加害他们，更加恐惧，翻山渡河，都躲到深沟山涧中，弄得浑身是伤，个个疲惫不堪。直到天亮，才知道不是鬼。

——（摘录）伎儿着戏罗刹服共相惊怖喻

爱在酒瓶里

十年了，我还是没有力量，
或许我这样的祈祷是很愚昧，
但这是我对你的一份爱……

【提要】

历史上成功的伟人，通常背后都有一位伟大的母亲，例如：孟子的母亲关心子女的教育前程，三次迁徙居所；岳飞的母亲教子移孝作忠，刺背砥砺；爱因斯坦的母亲不断鼓励孩子探究，培养出科学奇才。母亲为了儿女的成长，无怨无悔地奉献宝贵生命时光，牺牲青春岁月年华，身为子女的我们，如果不能好好孝养，回报这山高水深的养育之恩，又何以为人？

【正文】

有一个失去丈夫的单身母亲，含辛茹苦地将孩子给抚养长大。可是，孩子却不肯学好，吃喝玩乐样样都来，尤其贪嗜杯中物，让老母亲担心。

有一天，母亲把孩子叫到床前，说："孩子，十年来我每天都到你父亲的坟前祈祷，今天妈妈生病了，没有办法去，我想请媳妇替我去祭拜一下。”

儿子说：“哎呀，到父亲坟前祭拜，那是小事，今天你生病了，让媳妇来照顾你，喂你吃药，这才是大事。”

母亲说：“不！不！我的病是小事，到你父亲的坟前祭拜祈祷才是大事！”

儿子问：“这怎么说呢？”

于是，母亲娓娓道来：“你好喝酒，每天总是醉醺醺的，又因为喝酒，常常打人闹事，把家庭弄得鸡犬不宁，你的太太、孩子也都没办法安心生活。我这个做母亲的，十年来无论怎么苦劝，你依然故我，说也说不动。我没有别的办法，只好天天到你父亲的坟前祈祷，但愿你父亲能够帮助我，让你戒掉酗酒的恶习。”

躺在床上的母亲慈爱地望着儿子，继续说：“于是，我天天拿着一只装满清水的酒瓶，到你父亲的坟前去祭拜，希望你父亲的力量，能够加持到瓶子的水里头。每次我回去以后，就倒一滴瓶子里的水，在你的酒瓶里，希望借此减少一点酒精的浓度，减少一点酒精对你的伤害。每加一滴水，我就盼望你能少喝一杯；每加一滴水，我就盼望有一天你能够把酒戒掉。但是十年了，我还是没有力量，或许我这样的祈祷是很愚昧，但这是我对你的一份爱，也只有这个方法了。”

这个爱喝酒的儿子感动得跪下来，流着泪说：“妈妈，我不知道你那个酒瓶里，竟是充满了爱，也充满了对我的期盼。我今天在你面前发誓，以后再也不喝酒了！”

【思考】

1. 为人子女如何报答父母的恩情?

2. 社会上有哪些令人感动的亲情故事?

3. 请分享阅读本文的读后感。

【延伸阅读——白话百喻经】

从前有一间老房子,人们传言屋内经常有恶鬼出没,大家都很害怕,不敢进去住。这时有个人,自认为胆子很大,就说:“我要进这屋子里去睡一夜。”于是就住进去了。随后又有一个人,认为自己的胆量和勇气都胜过前面那个人,也听旁人说这屋里常闹鬼,就想进去一探究竟。就把门推开来向里面走,这时先进去的那个人以为是恶鬼来了,就用力挡住门板,不让他进来。后来的那个人也以为房里有鬼。于是两个人你推我挡,直到天亮,你看看我,我看看你,才知道不是鬼。

——(摘录)人谓故屋中有恶鬼喻

回　向

人生有了执著、贪嗔、愚痴等障碍，
就容易迷失，只有这些障碍消除之后，
吉祥、福气才能降临我们身上。

【提要】

回向是佛教极为殊胜而独特的修行法门，回向的原理就好像手持蜡炬引燃其他的蜡烛，原来的蜡烛本身光芒不但未曾减弱，反而由于点亮其他的蜡烛，使室内更加明亮；而且能使行者深刻了解因缘法，将一切成就归于大众，不敢独享。回向，亦能使行者去除我执我贪，明白诸法法性本来平等，实无功德可得。所以修持“回向”，不但自身的功德不曾减少，并且能利益更多的人。

【正文】

有一位很有钱的贵妇，在大年初一那天，想为全家人消灾祈福，于是特别礼请法师，帮她独自做一场法会。法师带领她拜忏、诵经，法会一共进行了三天，到了最后这场佛事即将圆满，准备要做功德回向时，法师念道：“这场法会是某某居士所做的，希望把这份功德回向给法界一切众生。”

贵夫人一听，赶紧说：“法师，不对呀！这场法会的钱是我出的，所有的供品也都是我买的，功德应该归我才对呀！怎么可以给法界一切众生呢？”

法师告诉她：“你也是法界众生之一呀！这份功德虽然不大，但是借着回向给法界一切众生之后，可以让它变得更广大，所以说‘回小向大’。”

这个太太听了之后，说：“原来是这么一回事，好吧！就回向给法界一切众生。但是，法师，有一件事情很要紧！”

法师问：“什么事啊？”

她说：“回向给法界一切众生，是没关系啦！可是隔壁那个林太太，可要把她从法界众生里面给除掉。”

法师问：“为什么呢？”

太太说：“因为我讨厌她，所以这个功德不能回向给她。”

想想看，我们捐钱作功德或到寺庙里参加法会，不就是希望能够消灾求福吗？事实上，要想消灾解厄、求得福报，最要紧的是必须除去心中的贪、嗔、痴。

所以，即使出很多钱做功德，或参加法会拜许多部忏，甚至礼请法师替我们诵经祈福，其中最重要的是，我们自己必须打从心底真正忏悔，才能把过去所犯下的贪、嗔、痴罪业，给彻底洗净消除。

人生有了执著、贪嗔、愚痴等障碍，就容易迷失，只有这些障碍消除之后，吉祥、福气才能降临我们身上。因此，无论做佛事、出功德，最重要的是借着这个机会，把自己的执著、爱、恨统统去除，以豁朗、坦荡、广阔的心量，将功德普皆回向给十方一切众生，在“回小向大”的大悲心之下，这份功德才能够更加广大深远。

【思考】

1. 试述“回向”的意义及利益。

2. 何谓“回小向大”？请举例说明。

3 生活中，你如何对治“贪、嗔、痴”？请举例说明。

【延伸阅读——白话百喻经】

从前有一个妇人，荒淫无度，对自己的丈夫感到厌恶，常想办法要谋害其夫，设了种种计谋，却找不到下手的机会。正好她的丈夫受聘出使邻国，妇人就设法做了五百个渗了毒药的饼，想要害死丈夫，就骗他说：“现在你要远行了，我为你做了五百个什锦饼，当作路上的干粮。你如果出了国境，到了邻国，肚子饿了，就可以拿出来吃。”丈夫听了她的话，出了国界，还没来得及吃，天色已暗，就在树林间夜宿。因畏惧猛兽攻击，就爬到树上，饼忘了随身携带就放在树下。

就在那天夜里，有五百个贼，偷了国王五百匹马及诸多宝物，逃到了树林。由于仓皇奔逃的缘故，每个人又饥又渴，在树下发现了什锦饼，于是每人分一个就吃了。这饼中的毒性极强，五百个盗贼都被毒死了。睡在树上的丈夫到天亮时，发现一群盗贼全死在树下，就用刀箭斫射这些死尸，收拾好鞍马和财宝，驱赶马匹向王城而去，向国王报此消息。

——（摘录）五百欢喜丸喻

佛不度无缘人

我们希望人家能够救度帮助我们，

可是自己也得先有因缘和条件。

【提要】

一般的神教，往往会强调神的万能，佛教的教义却明确指出“佛有三不能”：不能免定业、不能度无缘、不能令众生界尽。即使是佛陀的大弟子目犍连尊者，以飞足神通，尚无法救释迦族一人；得道的安世高大师，为了旧业，偿还一命；十世为僧的悟达国师，也须受人面疮之苦。佛教不是宿命论，而是肯定善恶有报，祸福自招。佛经的天龙八部，也不是泛灵的信仰，而是扩大我们的生命空间，了解人道之外，还有其他众生的存在。

【正文】

有句话说：“佛不度无缘人。”有些人听了觉得颇不以为然，因为他们认为佛菩萨不是很慈悲吗？不是对众生都一视同仁吗？怎么无缘的人，就不度化他呢？事实上，不度无缘之人，佛也是很无奈，佛也是很慨叹，佛也是很焦急，但就是没有办法。

过去，有一个无恶不作的强盗名叫干达多，他一生作恶多端。

可是，有一次正巧他路经某个地方，脚步正要跨出去的时候，忽然发现脚底下有一团黑黑的东西，仔细一看，原来是一只蜘蛛，他突然心生一念慈悲："蜘蛛虽然是小小的生命，但是，我又何必把它踩死呢？"因此，这只蜘蛛便很平安地离开。

后来，干达多去世了，由于生前做太多坏事，所以堕到无间地狱里面；然而，佛陀以他的智慧眼一看，知道干达多的生平里，曾经救了蜘蛛一命，有这一件好事功德，佛陀就运用神通力，把一条蜘蛛丝，放到地狱里面。

正在地狱受苦的干达多，看到这条闪闪发光的丝线，心中很高兴，赶忙攀着奋力地往上爬，希望能够脱离无间炼狱。可是，当他爬到一半的时候，低头一看，发现许许多多的地狱众生，也跟在后面攀爬上来，他心想："这么细小的丝线，怎么能负荷得了众人的重量，万一蜘蛛丝断了，我不就万劫不复、永无解脱之期了吗？"于是，干达多立刻用脚把尾随而来的地狱众生给踢下去，说时迟那时快，蜘蛛丝突然"啪"一声从空中断裂，干达多再次掉入黑暗的地狱中。

在天上的佛陀，看了很感慨："不是我不救，而是干达多自己没有得度的因缘，我也无可奈何啊！"

自古以来，许多为人父母者，一生辛辛苦苦、省吃俭用，就是为了要留下财产给子女，可是孩子不争气，一旦财富到了他们手里，没两下就挥霍殆尽，一样过着穷困潦倒的日子；因为孩子本身没有条件，所以即使把再多的财富交给他，他也没有办法运用和享受。历史上有名的诸葛亮，纵然他是治国能人、才高八斗，可是遇到了扶不起的阿斗，也是没有办法。

同样，我们希望人家能够救度帮助我们，可是自己也得要有因缘和条件。假如没有一点因缘，就算是佛菩萨站在我们面前，也感觉不到，这又怎能得度呢？所以，不管是被救，或者是救人，都要有这份“缘”。日常生活中，我们应该多为自己制造一些善缘，才是真正得度的方法。

【思考】

1. 试述本文之大意。

2. 为什么故事中的干达多没有得度的因缘？

3. 生活中，如何制造善缘？试举例说明。

【延伸阅读——白话百喻经】

从前有一位大富翁的儿子，跟一群商人到海上采集珠宝。这位富翁的儿子善于背诵驾船的方法，譬如在海中遇到漩涡、暗流和险滩时，应当如何掌舵、如何拨正方向、如何停船之类。他对大家说：“海中航行的方法，我全都知道。”大家听了，都深信不疑。船入海后没多久，掌舵的船师突然病死了。于是富翁的儿子就接替了他，船行到漩洄的急流之中，他高声喊：“应当这样掌舵，应该这样拨正方向。”可是船依然在漩涡里打转，无法前进。最后，全船的商人，都被水吞没了。

——（摘录）口诵乘船法而不解用喻

方便为门

佛教里很讲究方便度众生，

方便法虽是很好度众的方法，

却须有智慧，才能运用得宜。

【提要】

《维摩诘经》云：“慈悲为父，方便为母。”慈悲与方便是令众生入佛知见的最佳要道。尤其，为因应众生不同根器的需求，佛教广设各种法门，方便接引。例如：阿弥陀佛以“极乐净土”，使人心生向往；普贤菩萨用“恒顺众生”为方便教化；观世音菩萨“应以何身得度者，即现何身”而为说法。此外，佛陀对弟子所采的教育法，观机逗教，应病予药，也是一种方便。

【正文】

一个人进入佛门的因缘很多，道路方法也有许多种，尤其对一些难以度化之人，总是要有一些方便之门来接引他们。佛教史上，大开方便之门来接引弟子的，当属玄奘大师了。

有一次，玄奘大师游说窥基，希望他能来出家。窥基故意刁难，说：“要我出家做你的徒弟，可没那么简单，我是有条件的。”

玄奘大师说："什么条件？"

窥基回答："你得答应我三个条件：第一，你要给我三部车子，一部车子放酒，一部车子装女人，最后一部载经书。第二，我不戒酒肉。第三，我不戒女色。"

玄奘大师听了以后，点点头说："没问题，只要你肯出家，我都答应你。"

后来，窥基真的出家了，无论走到哪里，这三部车都跟着他，大家窃笑他是"三车和尚"。

从旁人眼里看来，觉得玄奘大师不对，怎么会收这样的徒弟呢？其实，大师是位有大智慧的菩萨，他知道窥基是一个有根机的人，必须运用这种方便法门，才能接引他入道。

果真经过一段时间之后，窥基渐渐深入佛法的堂奥，对于自己的种种作为，心生惭愧。于是主动舍弃三车，持守戒律，精进道业，后来成为一个非常优秀的出家人。

佛教里很讲究方便度众生，因此在教学上运用了很多不同的方法。然而方便法门虽是度众的利器，但它并非人人都能使用，因为方便法用得不好，反而"方便出下流"。所以，方便法虽是很好度众的方法，却须有智慧，才能运用得宜。

【思考】

1. 玄奘大师如何接引窥基大师出家？

2. 据你所知，佛教还有哪些接引大众的方便法门？

3. 请分享你的方便法门。

【延伸阅读——白话百喻经】

从前有一对夫妇，家里有三块饼。两人平分各吃一块，剩下一块，于是两人相互约定说："谁先说话，就不给饼吃。"为了得到这块饼，两人都不敢说话。过了一会儿，有个小偷闯进屋子行窃，把所有值钱的东西都拿到手了。夫妻两人却因为先前的约定，眼看着贼偷东西也不吭声。贼看他们不动声色，就在丈夫的面前侵犯他的妻子，丈夫眼睁睁地看着，依然不开口。妻子便大喊捉贼，并对丈夫说："你这愚痴的人，怎么为了一块饼，看到贼也不喊！"这时，她的丈夫却拍手大笑说："哈哈！我得到那块饼了，没你的份了！"

——（摘录）夫妇食饼共为要喻

泰山压顶

平时努力，行善积德，

当生老病死的泰山压过来时，

就能够全身而退。

【提要】

佛教有句话说：“各人吃饭各人饱，各人生死各人了。”人生的烦恼八万四千，每天的欲望、挂念、计较，都像泰山压顶一样，让人难以承受。本文以“泰山”比喻为生老病死，以及三毒烦恼等大事，表示一旦降临在我们身上，非常人所能承受，故佛陀劝诫我们当即时行善积德，积累福德资粮，才不惧泰山压顶之势；当我们清楚了知生死大事如泰山压顶般沉重，就能把修行看得刻不容缓，积极化压力为精进的动力。

【正文】

“泰山压顶”，指泰山从头顶上压下来，这是很严重的事情，无异大祸临头！对于泰山压顶的严重性，常人有何感觉呢？经典里提到一则这样的事例：

有一个国王偶尔会去佛陀那里听闻佛法，不过总是一曝十寒，常常听一次之后，隔了很久、很久都没再前往听法。有一次，国王又去听经，佛陀对他说：“你好久没来了。”

国王说：“是啊！佛陀，我每天要处理的事情太多了；这个大臣来报告，哪里发生水灾，要赶快处理；那个大臣来报告，边疆有人来侵犯，不得了，快点派兵袭敌；又有大臣来说，哪个地方的山塌下来了，要想办法赶紧把它处理好。所以，要处理的事情太多了，实在没有办法常常来听闻佛法。”

佛陀说：“大臣们报告那么多严重的事情，你都很在意、很用心，赶紧把它处理好。现在，我这里也有一个很严重的问题要向你报告，看你要不要处理？”

“佛陀，请您指示。”

佛陀说：“现在有一座很大、很大的山，正朝着你的头上压下来，甚至旁边的小山，也从周围一直塌下来，滚落到你身边，这时候你要怎么办呢？”

“如果是这么严重的话，我当然要优先处理这些事，不要让泰山压到我的头顶上，不要让周遭的小山向我滚过来。”

佛陀说：“很好，现在我告诉你，这些山代表什么呢？就是我们的生老病死，我们的烦恼贪嗔痴，它像大山一样压顶而来，它如小山一般从周遭滚来，很严重啊！你要赶快处理啊！”

平常我们忙着工作赚钱，没想到要注重人格修养，要做好事、行善积德，总以为这些事情不重要，慢一点没关系。随着时间的流逝，累积起来的生死烦恼，就像泰山一样压顶而来，会把我们给埋没掉。所以，生活、赚钱固然重要，但是修行也很要紧，因为闻法修行之后，才会知道什么事可以做，什么事不能做。平时我们努力行善积德，有朝一日，当生老病死的泰山压过来时，因为有了万全的准备，就能够全身而退。

【思考】

1. 试述“泰山压顶”的真正涵义。

2. 你如何看待“生老病死”？

3. 日常生活中，你如何面对烦恼？试举例说明。

【延伸阅读——白话百喻经】

从前有一个人，与别人结了怨，整日愁忧不乐。有人问他：“什么事让你如此忧伤憔悴？”他随即回答：“有人毁谤我，但我无力还击，不知道用什么方法可以复仇，就愁成这个样子了。”那人回答：“只有‘毗陀罗咒’可以害他，但有一个缺点，如果不能害死仇人，反过来就会害死自己。”这人听了，非常高兴说：“希望你能教我，虽然自己可能会受害，只要能伤害到他，我也乐于承当。”

——（摘录）共相怨害喻

第八章

解　铃

我们的心之所以不安，

无非是执著、挂碍太多。

【提要】

历史上有名的杯弓蛇影、疑心生暗鬼、曹操误杀吕伯奢全家、吕后迫害戚夫人等事件，都是起因于心中的怀疑、忌妒、无明，是自己造下业因，将来也是自己要受报，可说是自己束缚了自己。禅宗四祖道信初次参谒三祖僧璨时，说道："愿和尚慈悲，为我开示解脱法门！"僧璨禅师反问："谁缚住你了？"是啊！是谁束缚了我们？不是别人，而是自己。

【正文】

有一次，法眼文益[①]禅师在禅堂里，指导他的学生习禅，说到怎么样才能把心安住在一个地方。这时候，他出了一个题目："有一只老虎的颈项下面，挂了一个铃子，现在谁有能力去把它的铃子解下来？"

当时，有一位很聪明的弟子叫泰钦，他说道："老师，是谁把它挂上去的，就叫他去拿下来。"

这就是俗语常讲的"解铃还须系铃人"，这句话在修行上很有意义。当我们在禅坐的时候，觉得心里一直妄想杂念，不能够静下心来，安住在一个地方，这时候该怎么办呢？试问：是谁让你的心里不安？是谁让你的心中，有那么多的妄想纷飞？我们的心之所以不安，无非是执著、挂碍太多。

生活中，常听到许多人说："烦死了！"对，烦死了，是谁让你烦死了呢？所烦恼的是什么事情呢？烦这个月算账收入减少，或者那一笔生意被人家抢去，做不到了，心里生气，怨恨对方？那么，这一分怒气，这一分怨恨，是谁把它摆到你心里去的呢？都是自己摆上去的。

或许也有人会辩解："那是因为他怎么样，才让我这样子。"纵使他真的怎么样，如果我们不把这件事放在心上，谁又能奈何得了我。所以，别人怎么样做，会不会成为我们心里的负担，会不会成为我们心里的牵挂，问题都在自己，因为心里的结，心里的负担、挂碍，全都是自己摆上去的。怎么解决？很简单，把自己放掉，把挂碍放弃，把执著放下，不就没事了吗？

【注释】

①法眼文益：五代僧。七岁出家，初依明州希觉禅师攻律。后投长庆慧棱禅师学禅法，久之不契。偶遇罗汉桂琛于漳州，遂嗣其法。南唐国主李氏对他礼敬有加，并迎至金陵，住报恩院，事以师礼，赐号"净慧大师"。

【思考】

1. 试述"解铃还须系铃人"的由来和意义。

2. 如何将心制之一处？

3. 请分享“解铃”的经验。

4. 文中哪一句话让你最为受用？为什么？

【延伸阅读——白话百喻经】

从前有一个人，娶了两个妻子。他如果亲近其中一位，另一位就会生气。由于难以选择，他只好在两位妻子中间，直端端地仰面躺着。正值天下大雨，屋舍漏水，雨水和泥沙一起往下掉，落到他的眼中。由于事先有约定，他不敢转身躲避，致使双目都失明了。

——（摘录）为二妇故丧其两目喻

展示品

佛教是个宗教，佛像不是艺术品。

信徒们借由对佛像的膜拜顶礼，

产生心中的信仰，进而能够感到欢喜。

【提要】

《增一阿含经》记载，佛陀成道后，曾上升忉利天为母亲摩耶夫人说法。当时憍赏弥国的优填王，因为日夜思念佛陀，愁忧成疾，群臣为了安慰国王，于是以牛头旃檀香木雕造一尊五尺佛陀圣像，这是最初的佛像。虽然发展到后来，佛像的材质千差万别，但共通之处始终是会令我们生起清净虔敬的心。

【正文】

现今社会上有很多文化活动，每个城市的一天当中，几乎就有几十场的展出，无论是器皿也好，宝物也好，或者各种的雕刻等。近来，也出现了很多佛像展场，不少人来看展览，都从佛像的雕刻艺术上给予评价。主办单位能将佛像之美介绍给社会大众，让人有多一点的体会，固然是功德一件，但对佛教徒而言，每次在展场看到佛像时，又有着另一番不同的感受。

在宗教里，佛像是信徒们瞻仰崇拜的对象，它不是一个展示品，而是信仰的中心、信仰的目标，佛像是让人来膜拜顶礼的，借由礼拜佛像的过程，能够获得许多不可思议的功德，仅凭这一点，就跟艺术品的价值不一样了。

如果我们单把佛像当成艺术品来看待，可以发现很多雕刻师都有着高明的手法，甚至以某种特别的意境，来雕刻一尊佛像。可是，在寺庙殿堂上供奉的佛像，工匠们在雕刻时是带着一种宗教情操，有着信仰的崇拜，斋戒①沐浴，摈除妄念，恭敬虔诚，真心专注地来从事雕刻工作。

过去，台北有很多老雕刻师，都在做这份工作。每天在开始雕刻之前，他们都会持斋②沐浴，上香礼拜，因此所雕刻出来的佛像，感觉特别不一样。当年，很多人来佛光山，跟星云大师建议："佛光山道场这么大，应该请一些名雕刻家，来雕塑艺术价值很高的佛像。"

可是，大师并不这么想，他认为："佛教是个宗教，佛像不是艺术品。信徒们借由对佛像的膜拜顶礼，产生心中的信仰，进而能够感到欢喜。或者当信徒们有了苦恼、挫折，在痛苦的时候来到这里，面对着佛像，尘念顿除，得到身心的清净。"

所以，大师很坚持佛光山的佛像，必须由有宗教情操的人来雕刻，而不是艺术家来雕刻，这也是艺术跟宗教不同的地方。

【注释】

①斋戒：广义指清净身心，而慎防身心之懈怠；狭义指八关斋戒，或过午不食之戒法。

②持斋：不非时食称为斋，过中午不食称持斋，故持斋一语并不等于吃素。斋之意义是清净，身口意等三业清净，即称斋。在家众于一日一夜受持八关斋戒，亦称持斋。

【思考】

1. 略述佛像代表的涵义为何？

2. 请描述你在寺院和在博物馆，看到的佛像有什么不同的感受？

3. 你觉得佛像可以当艺术品或展示品吗？为什么？

【延伸阅读——白话百喻经】

从前有一位长者，想吃庵婆罗果，就派人拿钱到果园去买，并吩咐说："把味道甜美的买回来。"那人就拿着钱往果园去。果园的主人说："我这树上结的果子，味道都很好，没有一个不好。你只要尝一个就知道。"买水果的人说："我要每个都尝一尝，然后才买；只尝一个，怎么知道其他的好不好呢？"随后他就取果子一个一个品尝，然后买回家。长者看着这些被咬过的果子，感到厌恶而不肯吃，最后全都扔掉了。

——（摘录）尝庵婆罗果喻

骄慢如山

贡高我慢一起，就像一座高耸的山，把周围给遮掩起来，
只看到自己，看不到别人，
这样是注定要失败的。

【提要】

《六祖坛经·决疑品》有一个这样的譬喻：当我们心中生起“人”与“我”的分别心时，就是为自己堆起一座障碍正道的须弥山。现代社会上充斥着人我恩怨利害，甚至见不得别人比自己好、比自己强。其实，攻讦毁谤只能逞一时之快，不能为我们带来进步和提升，不如大众彼此尊重，缔造和谐共生的祥和风气，岂不更美好！

【正文】

经典里有句话：“骄慢如山”，意思指心中的贡高我慢，像山一样高，因此看不到下面的状况，看不清楚周围的危机。另外，在社会上也有“骄者必败”类似的话，由此可见，贡高、骄慢对一个人而言，会带来很大的损失。

在一条街上，两部车发生了碰撞，双方的驾驶员都下车来，准备向对方讨个公道。先下车的驾驶员，是一位律师，他认为自己很

懂得法律，对方一定说不赢他，今天既然发生车祸了，必然是对方倒霉。接着，从另一部车子里出来了一位手拿酒瓶的女子。

“噢！原来是一个酒家女！”律师轻蔑地说。此时，律师心里傲慢地想着：“我是一个律师，这酒家女绝对讲不过我。”

正在他得意的时候，酒家女拿起杯子，倒了一杯酒，说：“先生，我看你的脸色很苍白，先喝下这杯酒，我们再来谈谁对谁错。”

律师想：“对方只是个酒家女，好吧！就喝下这杯。”

喝完之后，律师说：“我们可以来谈了吧？”

酒家女说：“没关系，再喝一杯。”于是，又倒了一杯酒给律师。

两杯酒都喝过了，这时律师就说：“好了！我们总得讲一讲，是谁撞谁呀！”没想到，酒家女却脸色一摆，说：“我想我们不必讲，就在这里等警察来好了，因为你喝了酒。”

这时候，律师才知道自己上当了：“哎呀！我喝了酒，待会儿警察来，一定认定是我错。”

律师这么有学养，也有很高的法律知识，为什么会输给一个酒家女？因为他贡高我慢，看不起这个酒家女，生起轻慢心，所以才会失败。

佛法里讲“骄慢如山”，因为有骄慢的心态，对于比我差的人，就看不起。跟我同等的人，心里又觉得：“哼！有什么了不起，我比你高明。”对于比自己高明的人，因为心中的自卑而产生的骄傲，也认为：“你有什么了不起！”甚至不管周遭环境如何，不管和我们一起共事的人，多有能力，多有办法，多么优秀，只要我们的贡高我慢一生起，就像一座高耸的山，把周围给遮掩起来，只看到自己，看不到别人，这样是注定要失败的。

佛法里说骄慢也是一种烦恼，如何才能去除我们的骄慢呢？就是要以慈悲心来对治。假如我们能以慈悲心来看待一切，像观世音菩萨慈眼视众生，必然不会骄傲，不会看不起人，也就不致遭到失败的后果。所以，“骄慢如山”这句话，对我们而言，是一个很好的教训。

【思考】

1. 为什么说“骄慢如山”？
2. 你如何对治骄慢心？
3. 请分享一则“贡高我慢”的故事。

【延伸阅读——白话百喻经】

从前有一位国王，制定一条教规：凡是婆罗门等教徒，都要将身体洗净。不洗净身体的人，就要驱使他们去服各种苦役。有位婆罗门提着空的洗澡罐，伪称自己已经洗净了。有人替他往罐中加水，他随后就把水倒掉，还说：“我不用清洗，国王自会认为我已经洗净了！”他只是迫于国王的命令，为了逃避苦役，就妄说洗净了，实际上并没有洗。

——（摘录）出家凡夫贪利养喻

新妇骑驴阿家牵

众生就像是骑在驴背上什么都不懂的媳妇一样，

让佛陀引导我们，走向解脱、了生死的圆满境地。

【提要】

在佛教里，诸佛菩萨、祖师大德虽已体尝法味，清净无染，但见众生沉沦苦海，不忍舍弃，于是有阿弥陀佛“四十八大愿”，普贤菩萨“十大愿”，药师佛“十二大愿”，地藏菩萨更立下“地狱不空，誓不成佛”的悲心宏愿，这就是不舍众生的佛心。所以，“但愿众生得离苦，不为自己求安乐”的菩萨精神，以及“无私无我，提拔后进”的广大心量，就是“新妇骑驴阿家牵”的精神和心量。如果我们能好好落实，相信人间净土必能实现！

【正文】

“新妇骑驴”指刚刚娶进门的媳妇骑在驴背上，“阿家”就是婆婆，“牵”是牵着驴子走，整句话的意思是，新娶进门的媳妇骑在驴背上，婆婆却在前面牵着驴子走。

有一天，一个学僧问首山[①]禅师：“如何是佛？”

首山禅师告诉他：“新妇骑驴阿家牵。”

什么是佛？让一个新娶进门的媳妇骑在驴背上，婆婆在前面牵着驴子走，这就是佛。因为佛已经解脱生死，圆满清净，成就佛果，可是为了普度众生，他又回度娑婆，一次次苦心说法，劝导五浊恶世[②]的迷痴众生，越过生死的苦海，到达涅槃的彼岸。所以，众生就像是骑在驴背上什么都不懂的媳妇一样，让佛陀引导我们，走向解脱、了生死的圆满境地，所以“新妇骑驴阿家牵”的心，就是佛心。

同样，把这个公案拿来应用到生活上，各行各业对于一些新进人员的提携，前辈照顾后辈的胸怀，就是“新妇骑驴阿家牵”。事实上，前辈之所以被称为“前辈”，就是因为他负有带着后学一起向前行的责任，假如我们每个人都有提携后进的精神，那么国家政治、社会经济必定是蒸蒸日上。

一个家庭里，如果婆婆能体谅媳妇年轻不懂事，凡事多包容、少责怪、不嫌弃，甚至耐心教导，让她成长，能以这样的慈悲心来对待媳妇，还怕没有听话、孝顺的媳妇吗？相反地，婆婆如果抱着“多年媳妇熬成婆”的心态，转而把过去受的委屈，一股脑地发泄在媳妇身上，这下子不就跟媳妇对立起来了吗？家庭怎能幸福平安呢！

所以，禅宗里的“新妇骑驴阿家牵”，不光是用在修道上，应用在社会、家庭，对我们也都会有很大的助益。

【注释】

①首山：即“省念禅师”，五代临济宗僧。常修头陀行，密诵《法华经》，人称“念法华”。师事延沼禅师，得其心传，名震四方，风靡一世。

②五浊恶世：谓尘世中烦恼痛苦炽盛，充满五种浑浊不净，即劫浊（饥馑、疾病、战争不止）、见浊（邪说横行）、烦恼浊（众生多诸弊恶，充满贪嗔痴等烦恼）、众生浊（众生不畏因果，不持戒等）和命浊（人的寿命因烦恼、邪见等恶业增长、炽盛，而次第短缩）。

【思考】

1. 试述“新妇骑驴阿家牵”的意义。

2. 如何将“新妇骑驴阿家牵”的精神，落实在生活中？

3. 请分享一则“但愿众生得离苦，不为自己求安乐”的感人事迹。

4. 试写一篇读后感言。

【延伸阅读——白话百喻经】

从前有一个人，骑着一匹黑马入阵与敌作战。由于胆小害怕，不敢与敌交战，就用血污涂在脸上，躺在死尸堆中装死。他所骑的马也被敌人抢走了。等军队离去后，他想回家，就割下白马的尾巴。回家后，有人问他：“你骑的那匹马现在在哪里呢？为什么不骑回来？”他回答说：“我的马已经死了，只好带它的尾巴回来。”旁人说道：“你的马原本是黑的，尾巴怎么变成白的？”

——（摘录）诈言马死喻

厨房是道场

但愿天下的每位母亲，都能在厨房的道场里，

成就自己结缘、惜福、供养的道业！

【提要】

在禅者的心里，即便是平常的洗碗、扫地、除草、耕田等工作，处处充满了禅机，如果能够细细品尝，便能感受到生活里洋溢的禅趣。倘若人人能在“工作中不忘修行，修行中不忘工作”，如此我们的生命，必能得到提升和成就。

【正文】

很多人为了张罗三餐，在厨房里忙得一塌糊涂，甚至煮了几十年下来，别人不觉得有什么，自己也认为无趣。这时，不免会在心里升起了一个疑惑：“我难道一辈子就要这样辛苦地煮菜、烧饭吗？这样做有意义吗？”

是的，是有意义的！其实，在佛教里不但把煮菜、烧饭的工作视为一项修行，还把厨房当作是一个道场。

日本曹洞宗始祖道元禅师，在二十几岁的时候，曾乘船到中国参学。当船只停泊在庆元港时，道元遇到一位老禅师，问道：“您已

经是年高德劭的长者，为什么还要负责典座[①]这种职务呢？应该安心坐禅，勤于读经啊！”

老禅师回答：“青年人，恐怕你还不了解什么是文字？什么是办道[②]？”

老禅师的一句“何谓文字？何谓办道？”让道元心生惭愧。从此，他把典座一职视为尊贵的办道修行，决不虚应了事，或假手他人。后来，更在《典座教训》里，详细记载了当年老禅师的教育，借以训示后人，鼓励用功办道。

道元禅师回到日本后，能够开创曹洞一宗，就是由于他在典座中得到的启发。此外，中国佛教里有名的祖师大德，例如：六祖惠能禅师、浮山法远禅师、黄檗希运禅师也都是来自厨房。因为担任寺院里的典座，必须要有相当宽广的心量，才能煮出美味好食来供养大众，也正因如此，所以被付嘱为一代传人。因此，烧饭、煮菜在佛门里是一项很重要的修行，而厨房就是完成道业的地方。

因此，亲爱的妈妈们，当你们在厨房辛苦付出时，不妨欢喜地想一想自己对家庭，有着多么重要的贡献和影响，而烧饭、煮菜又是何等有意义啊！但愿天下的每位母亲，都能在厨房的道场里，成就自己结缘、惜福、供养的道业！

【注释】

①典座：禅林中负责大众斋粥之职称。

②办道：意指修行、成办道业、精进佛道。

【思考】

1. 本文提到哪些高僧的修道或教化事迹。

2. 为什么说“厨房是道场”？

3. 简述《典座教训》的内容。

【延伸阅读——白话百喻经】

从前有一个人，到丈母娘家去，看见她在捣米，就走到她旁边，抓了一把米放在口中。妻子看见丈夫来了，想跟他说话，但他满口是米，唔唔地不能应答。又怕妻子羞辱他，不好意思把米吐出来，也就不说话了。妻子看见他不说话，觉得很奇怪，就用手摸，以为他的嘴巴肿了，便对她的父亲说：“我丈夫刚来，忽然患了口肿，连话都说不出来了。”她的父亲马上请医生替他治疗。医生看了之后说：“这病很严重，要用刀把嘴巴划开，才可以治好。”接着就用刀划开嘴巴，米从口中掉了出来，真相才显露。

——（摘录）唵米决口喻

仕女画

当我们在冲动的时候，
不妨转个环境、换个心情，
平息一下激动的情绪。

【提要】

《法苑珠林》记载，嗔恚的过患有六点：第一，因嗔恚而失善法；第二，因嗔恚而堕恶道；第三，因嗔恚而造恶口；第四，因嗔恚而丧法乐；第五，因嗔恚而窃善心；第六，因嗔恚而遭祸患。嗔心起时，往往会蒙蔽理智，所以在盛怒中做出的决定、行为，往往会令人后悔莫及。

【正文】

在佛教里面有一位坦山禅师，坦山禅师为什么会出家呢？以现在的语言来讲就是失恋。原来他跟一个女孩子非常要好，已经论及婚嫁，可是后来这女孩子变心，另外有了男朋友，他非常生气，跟世俗男女一样，心想："你背叛我，我只有杀了你，跟你同归于尽。"

所以他拿了刀，气呼呼地跑到女孩子家中要杀她，恰巧女孩子不在，他就坐在那里等，随手翻一翻桌上的东西，无意间翻到一本书，里头这么写着：

“女色害人之可怕，毁人的前途，毁人的生命。”这么一看，刚才要杀死女朋友的那份杀心，顿时冷静下来，刹那间觉悟到人生是怎么一回事，原来女色不是唯一的。他赶快离开那里，跑到寺庙去出家，后来成为一位很有名、很有道的禅师。

星云大师常常讲一句话：“生气慢半拍。”人生气起来，一冲动，就想付诸行动，这时候所做的事情，往往是错的。因此当我们发脾气，想要付诸行动时，不妨慢半拍，就如坦山禅师一样，慢了一点，他的人生因此而能柳暗花明又一村。

有时一句话，一篇文章，或者一个人，一个环境，在我们愤怒激动的时候，适时出现，就让我们的人生，从那种愤怒、燃烧的世界抽离，回过头来保住自己。

据说过去中国的寺庙，因为受到少林寺的影响，所以会在寺里练武，当然也有一个收藏武器的地方，叫作“武器室”。传言在武器室里面，挂了许多很美丽的仕女图，一般人会觉得很奇怪，“寺庙、和尚、武器、仕女画”这怎么解释呢？原来，武器是用来防身，保卫自己，不是拿去杀人的，而仕女画摆在武器室里，就是预防一时的冲动。毕竟出家人还在修行阶段，难免一气冲动之下，想跑到武器室，拿武器来伤害人。可是，当他一进武器室，看到这么柔美儒雅、如仙女般非常超世的仕女画时，那一股冲动，那一股凶恶的心，马上歇息下来，原本要去拿武器的手，也停止不动，所以在这一刹那可能就免除铸下大错。

因此，当我们在冲动的时候，不妨转个环境、换个心情，平息一下激动的情绪，诚如大师所说的“生气慢半拍”，这对我们会有很大的帮助。

【思考】

1. 为什么生气要慢半拍?

2. 试述少林寺武器室里悬挂仕女图的用意为何?

3. 请提供几个平息怒气的方法。

4. 请撰写读后感一篇。

【延伸阅读——白话百喻经】

从前有一个人，用瓮盛着谷子。他的骆驼把头伸进瓮里吃谷子，结果骆驼的头抽不出来。他为此而发愁忧恼。有一位老人对他说:“你不要愁啊！我教你一个可以让骆驼的头出来的办法。你把骆驼的头斩掉，这样头自然就出来了。”那个人听了老人的话，就砍掉骆驼的头。结果既杀了骆驼，又使装着头的瓮落地后摔破了。

——（摘录）驼瓮俱失喻

登山与挖井

行善如登山，步步高升；

行恶如挖井，身陷井底。

【提要】

《涅槃经》云：“善恶之报，如影随形。”人的起心动念，善恶虽只在一念之间，却可以把我们导向截然不同的两个极端：一念善，也许会经历崎岖，但终能达到成功；一念恶，即使得到一时的顺遂，最后逃不过自食恶果的下场。登山或是挖井，就看我们如何抉择。

【正文】

爬山是大家都有的共同经验，虽然在攀爬的过程中，会汗流浃背、气喘如牛，但是越往上爬，视野更加开阔，所见的景色也越多。尤其，越往山上走，空气就越加新鲜，精神也振奋起来。到了最后，当我们爬上山顶时，向下俯视，所有景致一览无余，远近景色尽收眼底，心中真是无限的欢喜！

但是，挖井则恰恰相反，越往下挖，越觉得吃力，因为地层是越下面就越坚硬，也因此更加吃力。尤其，从地面上往下挖，是从光亮的地方，朝着黑暗的方向去，越往下挖，就越发漆黑。等到挖了一段深度以后，根本没有光线，伸手不见五指，周遭一片漆黑。即使把井挖好以后，想要爬上来，也很不容易。相较之下，登山则大不相同，越往山顶爬，自己的眼界越开阔，心胸也跟着明亮起来，就是要下山也很容易，所以挖井跟登山，有着天壤之别的结果。

“登山与挖井”的譬喻在说明什么呢？一个人的行为，可以像登山一样，也可以如同挖井一般。所谓像登山的行为，就是行善。因为做好事会越做越开心，而且社会上的人际关系，会越来越好，别人对你也是越加尊崇，自己也感觉越来越欢喜，前途一片光明。因此说行善如登山，步步高升，眼界越来越广，前途越加光明，内心也越来越开阔、舒畅。

挖井则不然，如果一个人的所言所行，都是些不善的行为，如同挖井一般。那么，坏事做得越多，就越向黑暗的井里去，等到恶事做尽、无药可救的时候，也就是身陷井底。这时候，即使想再回头，也不容易。因此，行恶，越走路越黑；为非，越做越深陷。

所以，在人生的旅程里，我们每天的言行，究竟是要像登山呢，还是去做挖井的工作呢？这个问题，我们应该很容易明白，并且知道如何去辨别、选择的。

【思考】

1. “登山与挖井”的譬喻在说明什么？
2. 请分享登山体验。
3. 试述一则“善恶因果”的故事。
4. 试述阅读本文的感想。

【延伸阅读——白话百喻经】

从前有一位农夫，到城里旅游，看见国王的女儿容貌端庄秀丽，实为世间少有。回到家后，便日思夜想，渴望与她交往，但又没有办法可以如愿。因此面色日渐萎黄，得了重病。亲友邻里见了，就问他："为什么变成这个样子？"他回答说："我前几天看见公主，容貌端庄美丽，想要跟她交往，无法达成，所以就病了。我如果得不到她，必死无疑。"亲友们说："我们一定会替你想办法，让你得到她，你不要发愁！"几天后亲友看见他，就对他说："我们已经尽力为你想办法，以为可以帮你得到她。只是公主不愿意。"农夫听了笑着说他一定能得到她。

——（摘录）田夫思王女喻

枯木堂

真正看破红尘、看破荣华富贵的人，
才能够积极从事普度众生的工作，
才能够专心一志修道。

【提要】

《碧岩集》记载，有僧问香严禅师："如何是道？"禅师回答："枯木里龙吟。""如何是道中人？""髑髅里眼睛。"对此，曹山禅师作了一首偈子："枯木龙吟真见道，髑髅无识眼初明；喜识尽时消息尽，当人那辨浊中清。"枯木禅的大意是直下无心，即灭尽妄念，独露真心，呈现一片活泼、枯木逢春的生机。佛恐学人但求心净，一向沉空守寂，宛如槁木死灰，则又落偏枯，而非中道，故云："生清净心，便觉活泼泼的。"让心不起杂念的"大死一番"是必要的过渡，但真正重要的是能"再活现成"！

【正文】

"枯木堂"是禅宗里的一个名词，专指打坐参禅的地方。此外，在临济宗有一种禅修的方法，叫"枯木禅"。

所谓"枯木"，指在参禅当中，把心修炼到像枯木、死灰这样的功夫，意思就是要大死一番[1]。可是，很多人没能把握到枯木禅真正的精神，以为人的心死了，像死灰一样，再也没有一点点火气、火种，或者如同枯木般毫无生气。事实上，枯木禅真正的精神，并不是这样。

田园诗人陶渊明，为什么能成为一代大文学家，有着千古绝唱的佳作？这是因为他不为五斗米折腰，对官场的一切已经看得通透，知道里头什么都没有，他对官场的内幕已经了然于心，所以才能够完完全全地放下功名富贵，因此拥有另一个新生命。

禅宗里的枯木禅也是这样，佛门里有句话："大死一番。"念佛的人说："打得念头死，许汝法身活。"就是要把心里的妄想杂念、贪嗔痴等烦恼，全部打得精光，像死灰一样，再也不会有火种燃烧，如枯木一般，统统都灭绝，然后才许汝法身活。

所以，学佛的人说："看破一切，看破红尘。"很多人以为这是消极的、是放弃了。其实，不是这样，只有真正看破红尘、看破荣华富贵的人，才能够积极从事普度众生的工作，才能够专心一志修道。

有个公案提到：一位老婆子供养了一名禅者，让他在房子里修行，前后达二十年。一天，老婆子想考验禅者的功夫，于是叫女儿在送饭的时候，猛然抱住禅师。当禅者被这个女孩子抱住时，他表示："山中无暖气。"意思是我已经如枯木死灰了。

老婆子一听，很生气，立刻把房子烧掉，对禅师说："我二十年来，养了你一个俗汉。"这句话在说明修行参禅并不是死板板，一点暖气都没有，而是要舍弃功名利禄、贪嗔痴等种种烦恼以后，才会有积极、光明、救度众生的热情出来，这才是禅宗的枯木禅。

【注释】

①大死一番：禅林用语。佛教真理并非肉体之死所能得，乃是舍弃身心之一切执著，而达于丝毫不挂碍之境界始能得之。

【思考】

1. 略述本文大意。

2. 为什么禅师会被老婆子斥为“俗汉”？

3. 试述你对“大死一番”的体悟。

【延伸阅读——白话百喻经】

从前，某边远国家的人没有见过驴，听说驴奶的味道十分鲜美，但都没有尝过。当时，他们得到一只公驴，想要挤取乳汁来尝尝，便争相捉住它。其中有捉头的，有捉耳的，有捉尾的，有捉脚的，也有捉生殖器的，每个人都想在别人之前先喝到它。其中捉住驴子生殖器的人，大叫着说他找到了乳房，就马上挤起来，希望能得到乳汁。大家忙得精疲力竭，却一无所得。徒然地劳苦了一番，却毫无所获。

——（摘录）构驴乳喻

爱的真正意义是什么

爱，不是比较要求，不是希望对方能给我回报；

爱，是从自己内心真诚无悔地付出。

【提要】

所谓“爱不重不生娑婆”，爱是生命的根源，也是人类与生俱来的本能，只是要爱得恰当，合于因果，需靠智慧拿捏；倘若爱得不当，反而成为烦恼痛苦的根源。佛教并不排斥感情，却主张以慈悲升华感情，以般若化导感情。我们若能以慈悲扩大所爱，以智慧净化所爱，则可化小爱为大爱，普载万物，成就一切。如此，人与人之间，甚至人与物之间，无缘大慈，同体大悲，整个宇宙世界和合无诤，这就是爱的真正意义。

【正文】

佛陀住世时，有一次波斯匿王谈到“爱”。

佛陀说：“大王，你所说的‘爱’，是忧愁和害怕的种子。”

波斯匿王回答：“可是我不这么想，因为我所体验到的‘爱’，是快乐无恼的。”

究竟“爱”是让人忧愁害怕呢，还是快乐无恼呢？这就起了辩论。

聪明的末利夫人在一旁说道："爱，之所以让人忧愁，是因为爱得不当；爱，之所以让人害怕，是因为畏惧失去、期望拥有。如果站在这个立场来看，爱注定是忧愁、恐怖的。"

常人由于不明了因缘变化，无法看透世事无常，心里总期盼能天长地久拥有对方的爱，所以日日悬念、时时不安，担心害怕失去，也因此我们常听到这样的对话：

"你究竟爱不爱我？"

"爱啊！"

"那你为什么要对某人好呢？"

"没有啦！只是一点……"

"不行！一点也不行！我要你全部的爱！"

在这样的情况下，爱就成为佛陀所说"忧愁怖畏的种子"。那么，怎样才能爱得恰当？

爱，不是比较要求，不是希望对方能给回报；爱，是从自己内心真诚无悔地付出。如果我们能了解爱的真义，自然不会希冀回报，不会计算付出所得，如此，爱就是快乐无忧。

曾经有位信徒对法师说："我有一个朋友，非常喜欢我的小孩儿，可是每次这个朋友来我家，到了要离开时，孩子就哭着不让他回去，而我的朋友也因为太疼爱这个孩子，也跟着哭了起来。最后，大人、小孩儿哭成一团，这样的情况实在让我很困扰。"

从信徒这段话，我们可以了解到，"爱"不只是自己诚心诚意、不求回报地给予就够了，还要让对方无有忧愁、无有恐怖、无有挂碍，不自恼、不恼他，这才是爱的真谛。

【思考】

1. 你认为爱的真义是什么？

2. 为什么佛陀会说爱是忧愁与怖畏呢？

3. 你曾经如何面对失去的“爱”？

4. 从本文中，你学习到了什么？

【延伸阅读——白话百喻经】

从前有一个人，夜里对儿子说：“明天我跟你一起到那个村庄去，我有一些东西要去取回来。”儿子听了，第二天清晨，也没去问父亲要取什么回来，就独自往那个村落去了。到了那里，身体疲惫极了，空无所获，又没有吃饭，饥渴得要命，没办法只好又往回跑。父亲看见儿子回来，斥责他说：“你太愚蠢了，也不用点脑筋，为什么不等我一起去？”白白地空跑一趟，自讨苦吃，还要被外人取笑。

——（摘录）与儿期早行喻

第九章

随手功德

有时候不必花钱，
小小的随手功德，
或许意义更为广大。

【提要】

普贤十大愿行中，第五大愿是“随喜功德”。一般人的观念中，“功德”似乎等同于“捐钱”，甚至视为“花财消灾”。其实，真正的功德不在于金钱的布施，学佛者只要保持欢喜清净的发心，对身旁的亲友，乃至萍水相逢的陌生人，多做好事、多说好话，以善良、净化的心念给予尽心尽力的服务和关怀，都是随手功德，能与人结下好的因缘。

【正文】

讲到功德，很多人都认为：“到寺庙拜拜要添油香、做功德，常常去要花很多钱，实在负担不起啊！”真的是这样子吗？不一定，并非捐钱就叫做功德。实际上，功德的意义，功德的项目、内容有很多，此处讲的“随手功德”，就不是用钱来做的功德。

佛经中提到有一只蚂蚁掉到水里头，正在树上的鸽子看到了：

“呀！这只蚂蚁快要溺死了。”于是赶快摘了一片树叶，丢到池塘里，蚂蚁就靠着这片树叶，慢慢地回到岸上来。

当蚂蚁刚爬到树下时，看到有个猎人拿着一支枪，正对着鸽子要发射。这时候，蚂蚁拼命地爬到猎人的脚上，在猎人刚要扣动扳机的刹那，狠狠地咬了他一口，这一咬把猎人吓得枪都掉了，鸽子因此得救，保住了一命。

鸽子的这一条命是蚂蚁救的，但是蚂蚁为什么肯救它呢？因为鸽子曾经摘了一片树叶给蚂蚁，这片树叶对鸽子来讲，就是简单的举手之劳，随手可以做的功德。所以，有时候我们不必花钱，小小的随手功德，或许意义更为重大。

日常生活中，我们搭乘大众交通工具的时候，看到有残障人士、老弱妇孺上车，扶助一下，让给一个位置，就是随手功德。甚至如公务员，当民众来填表，申请一份户口誊本，能够帮个忙，告诉对方怎么填写，也是随手功德。

据说统一企业的吴修齐先生，他之所以做生意能够得到这么多人帮忙，就是因为当年他还是个小公务员的时候，常乐于做这种随手功德。一些不认识字的乡下人，或者一些悲愁苦恼的人，到政府机关办事，往往觉得很惶恐，吴修齐先生总是很亲切地帮助对方，告诉他们要办什么手续，要填写哪些表格，因为这些随手功德的因缘，使他今日做生意，处处有人帮忙。由此可知，随手功德是每一个人都可以做到的，千万不要轻忽了。

【思考】

1. 何谓“功德”？功德的项目、内容有哪些？

2. 你曾看过或听过哪些令你感动的随手功德？

3. 试举三件在日常生活中，随手就可以做到的功德。

【延伸阅读——白话百喻经】

从前有一个人，得了腹胀病。医生说："必须灌肠才能治好。"说完便去收集灌肠用具，准备给他灌肠。在医生离去的那会儿，他就自行把药水喝下去，结果腹胀痛得无法忍受。医生回来觉得很奇怪，就问他："为什么会这样？"他说："我把药喝下去了，所以肚子胀痛得厉害。"医生听了，严厉地责备他说："你这个大愚人，不懂得用药的方法。"然后就把剩下的药为他灌了肠，病才得以治愈。

——（摘录）倒灌喻

献 花

献花不在于一大把，

一朵花一样能够让人感动。

【提要】

日常生活中，无论是祝寿、开幕、节庆、迎接、送行、看病等场合，姹紫嫣红的鲜花，都是表达心意的礼物。在佛教坛场的供桌上，花更是重要的供品之一，十供养之中也以香和花最为普遍。经典中许多佛更是以花（华）为名，如金华佛、华生佛、华盖佛等，一朵挚诚供奉的鲜花，可说是心与心相连的最好桥梁。

【正文】

现今的社会很风行献花，尤其颁奖典礼的时候，常有许多人跑上台献花，有时受奖人收到的鲜花，连捧都捧不动，甚至把脸给遮了起来。此外，在一些活动中，也常常安排献花给贵宾的仪式，特别是到机场迎接重要人物的来访，更是不忘献上一束鲜花，表示欢迎。

每次在策划献花仪式时，都会考量买什么花材，到底是用兰花好呢，还是用玫瑰花？一朵要多少钱，如果绑成一大把，费用又多少呢？有时候，花束也不能太大，以免献花的小朋友捧不动。这就是佛光山的献花文化。

星云大师曾经去过克什米尔东南部的拉达克，那里地势很高，放眼望去，四周都是高山围绕，是个很贫穷的地方。大师在那里受到很多人的欢迎，在热闹的迎接行列当中，突然跑出一个小女孩，手上拿了一朵小小的鲜花，大概是路边摘的，她很羞涩地把花献给大师。

当时，大师收到这一朵小女孩送的花，心中非常感动！他走遍世界各地，接受过多少次的献花，可是都不及这一朵小花，带给他这么大的感动。回台以后，大师把这份感动写在书里；后来，这本书流通到马来西亚，马来西亚的人看到了也很感动，把它谱成一首曲子，在佛教界里传颂。

这个小女孩的献花，令人想到：如何才能真正表达彼此心中的敬意？再大把的花束，再昂贵的花朵，又能传达出多少心意？一朵小小的鲜花，一位小女孩的所有，传达了什么样的心意？这么一份拉达克小女孩儿的心意，竟然能传送给看到这本书的人，进而引起他人来作曲歌唱，多么不可思议。

所以，人与人之间，就贵在一份真正心意的表达。释迦牟尼佛传法给弟子大迦叶，用的就是一朵花，就这么一朵花，师徒之间已经沟通了宇宙微妙的真理；圣者佛陀的心意，完完整整地传达到弟子的心里。因此这段拈花微笑的公案，在佛教里也被称为“心心相印”。

心心相印，在人与人之间非常重要，即使再大的花束、再多的献花，都不如一朵小花，能够让彼此的心意连接起来。我们常说心连心，能够心心相印，献出心意，这才是最贵重的。所以，献花不在于一大把，一朵花一样能够让人感动。

【思考】

1. 试述献花的目的和意义。

2. 献花时，应该注意哪些事项？

3. 你对“献花文化”有什么看法？

4. 你曾收过什么让你至今难忘的礼物？

【延伸阅读——白话百喻经】

从前有一对父子，跟别人结伴而行。儿子进入林中，被熊咬伤，急忙逃出了树林，回到同伴身边。父亲看见儿子身体受了伤，惊讶地问他：“你怎么伤成这样？”儿子说：“被一种身上毛发细长浓密的动物所攻击。”于是那位父亲便持着弓箭到树林间，看见一位毛发又密又长的修行人，就要用弓箭射他，旁边的人说：“你为什么要射他？这个人从来不伤害任何人，你应该去惩治有罪过者。”

——（摘录）为熊所啮喻

心煮的饭菜

几十年来他之所以能胜任愉快，

就是他把心放在这里……

【提要】

在中国古代的社会里，有许多忠心耿耿的义仆，他们毕生无怨无悔地付出，主人也从不把他们当外人看。尤其在生死存亡时刻，义仆们往往为保护托孤的幼主，替主人留存血脉，忍痛牺牲自己的骨肉；主仆之间这份生死相交的情义，着实让人感动。我们在这世上做人做事，应有忠义精神，能对国家、对社会、对主事者忠心，同心同德，自然能够家道兴旺，国运昌盛。

【正文】

佛光山有一个煮饭的郃居士，煮了三十多年的饭，可以说早在佛光山建好之前，他就已经来了。特别的是，他是一个聋子，完全听不到一丁点的声音；可是，几十年来，曾在佛光山煮过饭的人，没有一个及得上他。郃居士不但把饭煮得很香、很好吃，而且饭量的多寡，总是拿捏得刚刚好，一点也不会错。

例如：佛学院放寒、暑假，学生回家，人口减少，可是学院里的老师，常常忘记告诉他；甚至寺庙里举办法会活动，人数突然之间暴增，原本只有三五百人，可是一到了吃饭时间，忽然涌来一千多人，在这种情况下，他也从来没有让常住①担心没有饭给人吃，因此大家都觉得很不可思议。

有一次，一位法师跟他笔谈，问道："郜居士，很抱歉！经常忘了告诉你人数，让你很为难吧！"他说："不会呀！每次到了煮饭的时候，我都会出去看一看，甚至寺里做法会时，我也会到各处转一转，大概多少人，要用多少米，一看就知道了。等到开始吃饭以后，我也会观察大家吃的状况，如果已经吃了一半，看起来好像还不够，我会赶快再去煮饭；三十多年来，我一直做得很自在，没有什么困难啊！"

后来，郜居士因为年纪大了要退休，常住知道他的老家在大陆，想出一点儿钱，让他回老家走一趟。结果，他讲了一句话："什么老家不老家呀！我在佛光山吃了几十年的饭，难道这里不是老家吗？"原来，几十年来他之所以能胜任愉快，就是他把心放在这里，把佛光山当作是他的老家！

【注释】

①常住：意指寺庙。因寺庙是佛住的地方，不是临时的，是恒常的，是法住的地方，是真理所在之处，亦是僧侣所居之处。所以，供养佛、法、僧三宝所在之地，名为"常住"。

【思考】

1. 历史上有哪些感人的忠义事迹？

2. 为什么与人结缘也是功德？

3. 本文给了你什么启发？

【延伸阅读——白话百喻经】

从前有一位农夫，来到田边，看见麦苗青翠，生长得蓊郁繁茂，就问麦田的主人：“怎么样才能让麦苗长得那么好？”麦田的主人回答：“先把土地翻松耙平，再施以粪水，这样就可以了。”这个人就依照他的方法去做。他将粪水浇在田里，然后在田里撒下种子。可是农夫担心自己的脚踩在田里土地会变硬，麦苗会长不出来，就想：“我应当坐在床上，唤人抬着，然后我从上面撒种，这样才好。”于是就请了四个人，每人擎起坐床的一脚，到田里播种，结果把田地踩得更坚硬了。

——（摘录）比种田喻

道在众生身上

道在众生身上，处处都可以学习，

如何把人做好，这项学习对我们而言是很重要的。

【提要】

我们每天的生活，离不开见闻觉知，离不开人我大众，假使这一切都能成就我们的修行、成就我们的道行、成就我们的信仰，则如六祖惠能大师所说："日用常行饶益，成道非由施钱；菩提只向心觅，何劳向外求玄？"在我们生活的行住坐卧之间，哪里不能修行？佛门的云游参学，例如：善财童子五十三参、玄奘西行、赵州八十犹行脚等，无不是在天地人事里学习、蜕变，圆熟生命；有人说"佛法在众生身上求"，我们若能和众、助众、悦众，那么，道就在我们身边。

【正文】

修行人的道路在哪里？在众生身上。那么，一般社会人士，他们的人生道路又在哪里呢？也是一样在大众身上。

孔子言："三人行必有我师焉"，我们的人生道路要怎么走？该怎么来学习？其实，社会就是一所大学校，里头有好也有坏。好的，我们固然要学习；坏的，何尝不是一面让人引以为鉴的镜子，也是值得我们加以警惕。尤其，很多的能力技巧，常常是在社会上，通过与大众的接触学习得来。

据说在一群朋友的聚会中，有一个日本人突然提到："中国人的稀饭实在太好了，我昨天醉酒，醉得不省人事，结果吃了这碗粥之后，第二天就好了。"

原本只是无意之间聊天的一句话，但这群朋友当中的一个中国人，却把这些话给听进去。

"哦！原来稀饭还可以做醒酒的药，那好，我来试试看。"

隔天，这个中国人就开始研究一些汉方，把那些可以醒酒的药物，加到稀饭里去。不久，挂起招牌卖稀饭，还特别强调是"醒酒的稀饭"，因为他是独家专卖，所以赚了不少钱。

这个中国人的赚钱本事从哪里来？就是从大众的聊天中学习而来。过去，一些有知识、有水准的家庭，常常把自己的孩子，送到别人家里去工作，请对方调教，其实是借这个机会，让孩子从大众里学习，因此说"道在众生身上"。

然而，现代社会人与人之间的关系，好像很紧张，大家都很笨拙，老是相处不好，到处碰壁，常有摩擦，相互怪来怪去，不禁让人怀疑：是不是现代的教育或环境有问题？

事实上，就像寺院里的出家僧团，是由很多不同个性、不同年龄、不同观念的人所组成的。在那里，人与人之间有着很大的学习空间，只要能够调适得好，就是一项很大的修行。

过去三代同堂，妯娌、堂兄妹很多，一个大家庭，就相当于一所学校。所以，现代人彼此之间相处不好，可能是没有经过大家庭的磨炼。道路在众生身上，处处都可以学习，如何把人做好，这项学习对我们而言是很重要的。

【思考】

1. 为何说人生的道路在大众身上呢？

2. 你曾经从大众身上学习到什么？请举例分享。

【延伸阅读——白话百喻经】

过去有一只猕猴，被大人打了之后，没有办法消气，就把怨气出在小孩子身上。

世间愚蠢之人也是这样。先前所嗔怨的人，实际上在岁月更迭、新旧交替之中，已经消失了，这时的他只不过是彼时的他的延续，是变化后的状况和事物，他还认为这仍旧是原来的他，就凭空生出嗔怒之念来，使恶毒的怨恨越积越深，这就好比那只猕猴，被大人打了，反而迁怒于小孩子一样。

——（摘录）猕猴喻

无声之声

很多人以为要用耳朵才能够听得到声音，
事实上，当所有的声音都止息下来以后，
我们才能够真正听到一种美妙的声音。

【提要】

佛教说的“六根”，指的是眼、耳、鼻、舌、身、意，又称为“六贼”，因为这六种器官，功能像盗贼一样，执取外境为非作歹。人的弱点之一是打听“秘密”，耳根子软，由此也产生种种烦恼痛苦。维摩居士有所谓“一默一声雷”，沉默比雷声更响，所以禅师教我们收起眼睛、耳朵，就是不靠眼耳鼻舌的见闻觉知，不追逐外界纷杂的“讯息”，而专注于内心。心灯澄明，自然不受是非之辞、靡靡之音干扰，而能“听而不闻”，我们的心便不会跟着烦恼起舞了。

【正文】

每天早上睁开双眼以后，我们会听到鸟叫声，听到家里准备早餐的声音，听到各式各样不同的声音。

我们经常用耳朵在聆听这些声音，可是本篇说喻，所提的是另一种“无声之声”，即把所有的声音停歇下来，然后仔细倾听，这样的声音要怎么听呢？

佛光山的佛学院，曾经开了一门课叫作“美学”。有一天，教美学的老师，要这些出家学生学听古典音乐，山上为此还买了很好的音响设备。在古典音乐里，有各种乐器演奏，这些出家学生，就在老师的讲解下聆听欣赏。

老师由于自家音乐鉴赏能力很高，所以听得十分陶醉，等到乐曲演奏完，老师关掉唱机，问学生：“你们刚才听下来，觉得哪一段最好听？”

其中有一个学生回答：“老师，我们听了二十分钟，当你把唱机关掉的时候最好听。”把声音关掉以后最好听，这种听法恐怕是佛门的出家人才有的独特听法。事实上，这样子能听吗？真的能听。

有一个故事提到：一堆工人在仓库里搬东西，大家挤过来、推过去，嘴里叽叽喳喳讲个不停。好不容易东西搬完了，忽然其中一个工人，发现他手上的表不见了，于是这堆人又咋咋呼呼地在那里找东西。

“刚才你碰到我啊！”“会不会在这里啊？”

无论怎么找，都找不到这块手表，最后只有不管了，先把货送出去再说。

等到送完货以后，回过头来想要再找，邻居的一个小男孩高举着表说：“哪！你的手表在这里，我替你找到了。”

这五六个大男人觉得奇怪：“我们一大票人翻遍了仓库都找不到，这么一个小孩子怎么能找得到？”

小男孩说：“你们出去以后，这里只剩下我一个人，我就把耳朵贴在地板上，因为这时候什么声音也没有，只有那个表的声音，滴答！滴答！滴答！我就知道表在哪里。”

这是件很有意思的事，很多人以为要用耳朵才能够听得到声音。事实上，当所有的声音都止息下来以后，我们才能够真正听到一种美妙的声音，那是什么声音呢？就是我们心里的声音。

事实上，有时我们口里即使在骂人，可是心里在想：“我实在不想这样，我怎么控制不住自己？”

所以，在世间各种不绝于耳的声音之外，还有一股听不到的声音；如果我们注意倾听自己心里的声音，或许就不会去骂人，不会去打人，不会去恨人。因为有时候我们心里也觉得不应该这么做，的确要忏悔，的确该道歉，所以何妨听听自己心里的声音。

【思考】

1. 试述本文之大意。
2. 请分享一则“无声之声”的体验。
3. 试着用“六根”感受四周的无声之声，并撰写一篇小品文。

【延伸阅读——白话百喻经】

从前，有一位阿修罗王，看见日月明亮清净，就用手将它遮住。无知的人以为是天狗把月亮吃了，于是就逐狗而打，其实狗没有过错，是人无端错怪，把恶名横加在它们身上。

——（摘录）月蚀打狗喻

飞　锡

锡杖有时也叫作德杖，道德之杖；

有时又叫作智杖，智慧之杖。

【提要】

佛制之中，比丘有十八种修行生活上的“必需品”，称为“头陀十八物”或“比丘十八物”，除了文中提到的锡杖外，还有杨柳枝、澡豆、三衣（五衣、七衣、九衣）、水瓶、钵、坐具、香炉、香匣、滤水囊、手巾、小刀、火燧、镊子、绳床、经律、佛像、菩萨像等，涵盖了一个修行者在日常生活、云水参访、诵经礼佛各方面的需要。其中，锡杖因为出门时必须携带，成了高僧大德云游弘化的象征，一个地方有高僧住锡，就有佛法的流布；一个地方能有佛法的流布，就有和平的希望。

【正文】

经常在寺庙里，看到地藏王菩萨，手里拿着一根拐杖，这根拐杖被称为“锡杖”。一般来讲，锡杖是出家人必备的东西，属于比丘十八物当中的一项，尤其过去的出家人，外出的时候，都要带着锡杖出门。

锡杖有以下几个用途：一、对年迈的出家人而言，可以作为拐杖之用；二、到施主家门口托钵乞食，锡杖震动的声音，可以让施主知道来者身份；三、出门走在路上，怕不小心伤害到一些昆虫、动物，因此拿锡杖来驱除。

由于锡杖的头是铁做的，在顶上可以挂很多个铁环，所以只要轻轻动一下，就会发出窸窸的声音来，因此称为锡杖。为什么锡杖又叫作飞锡呢？飞锡的意思，指这根锡杖是出门在外用的，它的来由与一位有道的高僧邓隐峰禅师有着很大的关系。

一天，邓隐峰禅师要去五台山，途中经过淮溪这地方，这时正好有两队人马在厮杀，禅师看了很不忍心，想要加以化解。由于禅师已经是个有修行，且具有神通的高僧，于是他把锡杖往空中一丢，人也跟着腾空起来，飞过这些人的头顶，那一支锡杖就在空中飞舞。

两队互相砍杀的人马，看到这么特殊的景象出现，都忘记打杀，全都抬头看着空中飞舞的锡杖，因而化解了这场战争。

从那个时候开始，出家人拿的锡杖，又叫作飞锡，有时也譬喻出家人行脚游历各处。此外，锡杖有时也叫作德杖，道德之杖；有时又叫作智杖，智慧之杖。所以有时候在一场仪礼当中，锡杖也代表着持杖者的身份。

此外，锡杖也被拿来当作一个形容词或譬喻，例如：挂锡，就是出家人游方，到这间寺庙里暂住，叫作挂锡，也称为挂单。又如：住锡①，出家人担任某间寺庙的住持时，可以称为某某大和尚住锡某某寺庙，因此我们去恭贺人家晋山②时，也可以讲住锡。

【注释】

①住锡：锡，锡杖。谓僧人在某地居留。

②晋山：晋，进之意；山，寺院之意。指新任住持初入寺院继承法务。

【思考】

1. 试述“飞锡”的起源，并说明它的用途。

2. 锡杖又称什么？各代表的涵义为何？

3. 佛门还有哪些常用的法器？请略述它们的特征及功用。

【延伸阅读——白话百喻经】

过去有一个妇人，得了眼疾，痛得厉害。有一位自认为有知识的女人问她说：“你眼睛痛吗？”妇人回答：“痛啊！”那女人接着说：“有眼睛就会痛，我现在虽然不会痛，但想把它挑了，免得以后疼痛。”旁边的人听到，就说：“眼睛在的时候，有病时当然会痛，没病时就不痛；眼睛如果没有了，就要终生长痛了。”

——（摘录）妇女患眼痛喻

如丧考妣

在我们的人生里，

如何能够明白自己、解脱生死、断除烦恼，

才是真正的人生大事。

【提要】

莲池大师写“生死事大”于案头；印光大师的禅房壁上，便是个“死”字；佛灯守珣禅师则叹：“此生若不彻证，誓不展被。”以致四十九日只靠露柱站立，如丧考妣，终得大悟。这并非学道人消极避世，念念求死，而是自觉生命总要有个去处，这个去处是个不生不灭、不受生死缠缚之境，因之，总得回归生死去来之观照才可；明白了死，也就知道怎么活着才不枉然；毕竟生死路无尽，此生不了，就得世世轮回，浮沉不休。

【正文】

本篇说喻的题目有一点特别，叫作“如丧考妣”，意思是就像死了父母亲一样。这句话还是佛门的口头禅[①]呢！

《金刚经》里记载，须菩提请示佛陀很多问题，佛陀也为他说了很多佛法的道理。当须菩提了解到佛陀所说的法是那么好，他不禁哭了起来。另外，其他经典也记载很多佛弟子，甚至高僧大德，在修行中不但哭，有时候还号啕大哭，所以禅宗说："大事未明，如丧考妣；大事已明，如丧考妣。"

父母亲过世，是一件很不得了的大事，而禅宗所指的"大事未明，如丧考妣"，究竟是什么样的大事，能有如丧考妣重要？所谓"大事"是指我们的生死未了，烦恼不能解脱，无法明白自己。这么重大的事情，我们要到什么时候，才能明了呢？因此说"大事未明，如丧考妣"。那么，知道了以后，为什么还是如丧考妣呢？因为这么大的事情，我们终于解决了，所以如丧考妣。

每天早上睁开眼睛以后，我们所想到的第一件大事是什么？结束工作，下班以后，回想今天所做的事情，跟我的人生大事有没有关系？很多人把游戏当为自己的大事，把赚钱当为自己的大事，尤其年轻人把男女的情感当作一件大事。不错，这些事情都不是小事，但是如果发生了困难、触礁的时候，不要觉得那么严重，因为在我们的人生里，还有更重要的事情。如何过一个逍遥的人生，如何明白自己，这才是人生的大事。

所以，当我们在工作上遇挫折，家庭里不如意，或身体上有病苦，都不必过度地悲伤，因为还有更重要的事情等着我们。如何能够明白自己、解脱生死、断除烦恼，这才是真正的人生大事。

【注释】

①口头禅：意指行者但袭取文字语言，说禅说道，而不真下功夫修持。今指某人言谈间所爱用之习惯语。

【思考】

1. 为什么“大事未明，如丧考妣；大事已明，如丧考妣”？

2. 你觉得“人生大事”是什么?

3. 试述阅读本文的感想。

【延伸阅读——白话百喻经】

从前有一对父子，二人因事同行，在路上突然遇到强盗，想抢夺他们的财物。那时，儿子的耳朵上戴着一副纯金的耳环，父亲看见强盗忽然出现，害怕他们抢走了儿子的金耳环，就马上用手去扯耳环，一时扯不下来，为了保住金耳环，于是就把儿子的头砍下来。转瞬间，强盗果然离去。那位父亲又将头安放在儿子的肩上，但已无法复原了。

——（摘录）父取儿耳珰喻

做一日和尚，撞一日钟

只要我们在这个世上存在一天，

就要活动工作，尽忠职守。

【提要】

有人说：伟大艰巨的工作，皆由坚持忍耐而完成；光明灿烂的前途，皆由精进不懈而圆满。精进，能策发善行，就如同小水滴能穿石。佛经亦云："谨慎无放逸，是处名甘露""若得生天上，及得涅槃乐，如是之因缘，皆由精进力""山中树林，十年生者，方可为栋梁也"；精进勤勉也是古来推崇者，如"民生在勤，勤则不匮""业精于勤，荒于嬉"等，都在说明精进对人生的裨益。

【正文】

我们常听到"做一日和尚，撞一日钟"这句话，有一次徐志摩先生在笔记里，提到一件令他感到讶异的事情，就与这句话有关。

一日，徐先生到天目山参访，发现天目山的钟楼上，住着一个专门负责叩钟的出家人，每隔五分钟，就要敲一次。徐先生对此感到很好奇，问出家人："你这样要敲多久啊？"出家人回答："每隔五分钟敲一次，昼夜不停。"接着又说："我已经敲十一年了，还要继续敲下去。”

这个出家人的敲钟，在佛教里称作“敲幽冥钟”，目的是要唤醒地狱里的众生，也因此在这个出家人的座位旁，还供了一尊地藏菩萨。

徐先生不死心，又问道：“究竟要敲到什么时候？”出家人说：“不知道，只要我活着一天，就要持续地敲下去，为了地狱里的苦难众生，也为这个社会的迷梦众生，我要把他们敲醒过来。”

“尽形寿[①]，唤醒迷茫的众生”，这实在是一个非常了不起的愿心。尽管不知道要敲到什么时候，但只要活着一天，就要敲一天钟，提醒一切众生，因此说：“做一日和尚，敲一日钟。”

中国禅宗史上赫赫有名的百丈禅师，曾因为年事已高，弟子们不希望师父太劳累，于是藏起师父的工具，不让他下田耕作。没想到百丈禅师因此而不吃饭，并且坚持“一日不作，一日不食”。

有位年高八十的老法师，日正当中，在大太阳下晒香菇，人家问他：“你年纪这么大了，应该要休息，怎么还在晒香菇？”他说：“晒香菇跟年纪大又有什么关系？”老法师的意思是只要他在这个职位上一天，就应该把工作做好，并善尽做人的责任。

泰国的僧皇到了六十岁才开始学英文；中国一位知名的新闻工作人员——戈扬女士，即使年高八十，仍孜孜不倦地在学电脑、学英文，像这样的生活态度，就是“做一日和尚，撞一日钟”。

只要我们在这个世上，存在一天，就要活动工作，尽忠职守。因为工作不只能让我们安住，也是我们活着的目的之一。

【注释】

①尽形寿：意指过完此一期有形体、有寿限之有限生命。

【思考】

1. 试述本文的宗旨。
2. 寺院撞钟的目的为何？
3. 你认同“一日不作，一日不食”吗？为什么？
4. 请分享“做一日和尚，撞一日钟”的例子。

【延伸阅读——白话百喻经】

从前有一群盗贼，一起抢劫行盗，然后再将抢来的财物按等级分赃。只有一件从鹿野出产的钦婆罗衣，因颜色不纯正，被认为是最下等的货，就分给地位最低下的贼。那个人拿到衣服之后，十分怨愤，叹说自己吃了亏，就拿到城里想卖掉它。没想到，许多有钱人都出了很高的价钱，结果这个人卖的所得比其他伙伴多出几倍。这时，他才觉得欢喜，高兴得难以形容。

——（摘录）劫盗分财喻

灵山就在你心头

我们无论做人或做事，

必须知道重点在哪里。

【提要】

有些人什么都想学，最后只学到一点儿皮毛，就自以为是到处卖弄。其实，大部分的学习，都只是技术上的应世能力，如果所学的知能再多，却没有服务的热情，对社会一无用处，也是毫无意义。俗话说："没有天生的释迦，没有自然的弥勒。"人并非生而知之，乃学而知之，所以学习什么，能够掌握重点，并且懂得开采内心无限宝藏，这才是人生重要的课题。

【正文】

对学佛的人而言，灵山指有佛的地方，也就是我们心中的佛性、自己的真我。修行的目的，在于找到心头的灵山、内心的真我，所以说"灵山就在我心头"。

虽说如此，大家却常常忘记了重点，反而时时注意、计较一些细枝末节，譬如：有些念佛人常常在乎念珠有几颗，代表什么意思，或要选择什么质料的念珠，会比较有磁场；甚至有的人吃过早斋之后，就开始计算几个钟点后可以吃荤等，这些态度都不正确。

念佛不是在计算念珠有几颗，不是讲究念珠的质料如何，而是要把自己的佛性，心头的灵山给念出来；吃早斋，不是为了要计量几点钟后可以吃荤，而是要培养我们爱护生命的慈悲心。

不过，人有时候很奇怪，譬如：有的人到百货公司买东西，刚好遇到打折拍卖，就会拼命买。抢购的时候，觉得每样东西都很重要，可是回家之后，会发现很多买回来的东西，一点都不重要，反而最需要的东西没买到，这就是做事没有抓到重点。

据说，有一位国王想试验大臣，看看他们能不能针对重点来处理公务。一天，国王在他的花园里，布置了一块很美的地方，然后把国库里的金银珠宝等名贵的东西，全部搬到花园里来，又在这些贵重的物品之间摆了一张椅子。然后，国王坐到这张椅子上，告诉大臣们："待会我一声令下，在这范围之内的东西都可以拿，你们可以慢慢挑，慢慢选，但是在我下令停止之前，谁都不可以离开。"

大臣们听到国王的话都很开心，就开始从那些琳琅满目的珠宝里精挑细选，不但要挑到好的，还要拿得多。正当大伙忙得不亦乐乎时，突然间出现了一个小女孩，她说："国王，我也想来挑一下。"

大家听了吓一跳，哪里来的小女孩，她会挑什么东西呢？

小女孩说："国王，我要挑你。"

大家说："你好大胆！竟然敢要国王。"

小女孩说："没错呀！国王说在这个圈子里面，都可以拿啊！"

国王说："你们不要怪她，她很对，因为她抓到了重点。她要了我，而这些珠宝也都属于我的，所以小女孩儿可以把所有的东西都带走。"

所以，我们无论做人或做事，必须知道重点在哪里。

【思考】

1. 你觉得自己做事有没有重点？为什么？

2. 什么是你人生重要的课题？

3. 请分享你学佛修行的目的或心得。

【延伸阅读——白话百喻经】

从前有一只猕猴，手里拿着一把豆子，不小心把一颗豆子掉在地上，便放下手中所有的豆子，想找回丢掉的那颗。结果不但未找到丢掉的那颗，连先前放下的那些豆子，也全被鸡鸭吃光了。

凡夫修行，也是如此。刚开始只违犯一条戒律，却因为自觉不能悔改，就放任恣意，肆意妄为，让过错滋长蔓延，甚至把修持的所有戒律都舍弃了。如同那只猕猴，为了一颗豆子，导致失去所有豆子。

——（摘录）猕猴把豆喻

好雪片片不落别处

雪从佛的世界下，也下在佛的世界，

在这里没有你、我、众生、佛的差别。

【提要】

南朝傅大士曾作过一首诗偈：“空手把锄头，步行骑水牛；人从桥上过，桥流水不流。”乍看这首诗偈，似乎不合情理，实际上是在打破迷妄分别，破除一般人对现象界的执著。所以，唯有超越分别对待，才能透视诸法实相，了解宇宙同体共生的全貌。

【正文】

禅宗里有一位很有名的在家居士，名叫庞蕴。由于他在禅修方面非常有成就，因此禅宗的圣典里，有很多关于他的记载。

有一次，庞蕴居士到山上的一间寺院学禅，等禅修活动结束以后，大伙儿正准备下山回家。这个时候，刚巧天空开始飘下白雪片片，庞蕴居士一走出寺院，看到雪花纷飞的美景，不禁非常感动地说：“好雪片片不落别处。”

跟他走在一起的一个出家学禅者，疑惑地问：“好雪片片不落别处，那么这个雪究竟要落在什么地方呢？”

庞蕴居士听到禅僧这么讲，一气之下上前打他一个耳光。禅僧吃惊地说：“你这个人怎么这么粗鲁呢？”

庞蕴居士说：“你才粗鲁呢！才从禅堂出来，连佛的境界都没有搭上，怎么这么粗鲁呢？”

原来，禅僧一再追问雪要落在什么地方，是一种分别心。因为有这个地方，就有那个地方；有这个山谷，就有那个山顶。所以“有”“没有”都是众生的分别，而分别心会导致我们在好坏得失上面计较。

事实上，宇宙间的一切，本来就无所分别。这么美好的雪景，是从哪里来的呢？从宇宙的本体来；它又要落到哪里去呢？它还是在宇宙的本体里。所以，这个山头，那个山谷，不都全在宇宙整体之中吗？一切都是法的本体，也可以说是一个佛的世界。

雪从佛的世界下，也下在佛的世界，在这里没有你、我、众生、佛的差别。修禅的人如果能够修到人我一体，修到无你我分别，所谓心、佛、众生三无差别，到了这个境界，就是真正“禅”的境界了。

所以，星云大师常说“同体共生”，意思是你我形相上虽然有差别，但是本体是一致的，因为“好雪片片不落别处”啊！

【思考】

1. 试述本文大意。

2. 文中说，什么是“禅”的境界。

3. 何谓“同体共生”？试举例说明。

4. 请分享一则有关佛教居士修行的故事。

【延伸阅读——白话百喻经】

从前有一个人，在路途中拾得一只金制的黄鼠狼。这人兴奋不已，就把它放入怀中，继续往前走。走到河边要渡河过去，就把衣服脱下放在地上，转眼间金鼠狼变成了毒蛇。这人考虑了好一会儿，宁可被毒蛇咬死，也要带它渡河。由于心怀至诚，冥冥中有了感应，毒蛇又化为金鼠狼。旁边有个愚蠢的人看见毒蛇变成金鼠狼，以为总是如此，也抓一条毒蛇放入怀中，结果立刻被毒蛇咬伤，丧身殒命。

——（摘录）得金鼠狼喻

第十章

窄 门

如果前面的窄门挤不进去，何妨回头看一看，

在我们的后面，还有另一扇门。

【提要】

一般人都认为人生必须向前进取，退后的人生是失败的，但是在佛教里，向前的人生是半个世界，退后的人生也是半个世界；向前的世界是窄门，向后的世界更宽广。好比农夫插秧，脚步一步步后退，秧苗一株株插下，退到最后，整个田亩都插满了绿油油的秧苗。人生有时也要像农夫插秧一样，懂得退步回头，才会圆满，因此古德才会说“退步原来是向前”。当前面的窄门进不去时，有时换个角度、换种思考、换个做法，一样可以达到目的，甚至还会有意想不到的收获！

【正文】

在这个世间，凡是好的东西，大家都想要，譬如我们做生意一定会观察，现在社会上什么产品最流行，就来卖这个东西。或者我们在求职的时候，也会注意到，哪个行业最热门、最吃香，待遇最好，就到那里去工作。甚至看到人家在发送东西，里面有各个种类，心里也会比较一番，觉得哪一类的物品较好，就去拿取那一类的东西，这都是人的本性。

“希望好、希望多”是每个人共通的反应，但是有没有想到：凡是好的东西、热门的生意、待遇高的职业，人人都争着想要，最后就变成一个个挤不进去的窄门。

因此星云大师曾说：“前面的世界，每一个人都争着要，所以变成了一道窄门。想要通过这道窄门，得要有本事，得付出辛劳，尤其有时候挤得头破血流，也不一定能通过，是如此的辛苦。如果前面的窄门挤不进去，何妨回头看一看，在我们的后面，还有另一扇门，那里争的人少了，就比较容易通过。”

佛经里有这么一则譬喻：有一天，阎罗王在审案，判了很多人去投胎转世。其中一个人由于前世做了善事，阎罗王因此特别开恩，对他说：“某某人，因为你生前积善，做很多功德，现在要去投胎转世，我给你一个机会，你自己说想要投胎到什么地方。”

这个人一听很高兴，说：“感谢阎罗王！我希望能够投身到一个富贵人家，爸爸是一品大官，生的儿子是个状元郎，我有很多的妻妾，既美丽又贤惠，大家都能相处和谐，然后我家财万贯，社会关系良好，既有钱，又有地位，我希望能转世到这样的人家。”

阎罗王听完之后跟他说：“噢！如果有那么好的地方，我也要去，我这个阎罗王换你来做，你让我去投胎。”

从这则譬喻里，我们知道这些地方都是窄门，有时候也不一定能挤进去，或许换个方向，从另外一扇广阔的门走进来，最终一样能到达目的地。

【思考】

1. 社会上，还有哪些“窄门”？

2. 造成“窄门”的因素有哪些？

3. 你看过或经历过哪些“挤窄门”的经验？

4. 为什么古德会说“退步原来是向前”呢？

【延伸阅读——白话百喻经】

过去有一个穷人，在路途中偶然拾得一袋金钱，心里十分高兴，马上就数起钱来。钱还没数完，失主就赶过来，把钱夺了过去。这个穷人非常后悔没有马上离开，懊丧苦闷极了。

——（摘录）地得金钱喻

双面神

无论过去也好，未来也好，

一切都以当下为出发点。

【提要】

佛陀问：“人命在几间？”沙门回答：“呼吸间。”因为世间一切迁流变化，难以掌握，所以《五灯会元》有谓“出息不保入息，更有甚么身心别处闲用”。人命不停，过于山水，只有心系当下才得安详，否则追悔过往又幻想未来，总是不能照顾好脚下，又怎能踏实。论修行，行住坐卧、念佛参禅都念念当下，摄心不乱；论人生，也于当下立足，展望前程，切莫悲恋过去、贪望未来。

【正文】

很多人误以为佛教总是把注意力，放在遥不可及的未来。事实上，三世因果是指过去、现在、未来，过去是因为现在才会有过去，未来也要有现在才能有未来，所以在这三世当中，佛教最重视的还是现在。

讲到时间，佛经里提到无量阿僧祇劫，这是很长很长的时间。但不管时间多长，佛教最重视的，仍是长时间当中，最小的一个单位，叫“刹那”。刹那虽然短暂，但永恒也是由短短的刹那所累积形成的，才能造就无量无边的世界，所以刹那是很重要的。

另外，佛教也讲到十法界，分别是：佛、菩萨、声闻[①]、缘觉[②]、天上、人间、修罗[③]、饿鬼、地狱、畜生。不管哪一界，甚至六道轮回之中，佛教最重视的还是人。无论是生天也好，成佛做祖也好，都先要把人给做好。

由上述的举例，可以知道佛教的教义是注重现在，禅宗常说“把握当下”，因为当下就是未来，当下就是永恒，没有当下就没有未来，纵使未来要往生西方，也得先把当下的佛给念好。

有一个双面神的故事，可以说明这个道理：

在罗马古城的一座废墟，有个人捡到一尊双面神像，他觉得很奇怪，不禁说道：“这个神像怎么会有两个面孔呢？”

没想到，神像却开口说话：“对啊！因为我一个面孔要看过去，如果有错误，才懂得改正；另一个面孔则是看未来，注意未来，才懂得计划现在啊！”

这个人听了，问神像：“你注意过去，注意未来，那现在怎么办呢？未来怎么样，还不是要从现在开始计划，你怎么没有注意到现在呢？”

这时候，双面神像号啕大哭：“过去，我在这个罗马城，就是没有注意到现在，所以罗马城才会被毁掉。而我这个双面神，因为只看过去，只看未来，没有看到现在，所以人家才不要供奉我，把我丢掉。”

虽然这只是一个譬喻，但它告诉我们，当下是很重要的。无论过去也好，未来也好，一切要以当下作为出发点。

【注释】

①声闻：指闻佛说“四谛法”而悟道之人。

②缘觉：指独自悟道的修行者。

③修罗：其果报胜似天而非天，虽有福德，然性骄慢，执著之念强，虽被种种教化，其心不为所动，虽听闻佛法，亦不能证悟。

【思考】

1. 三世当中，为什么佛教最重视“现在”？

2.“双面神”的故事，让你得到什么启示？

3. 你如何善用零碎时间？

【延伸阅读——白话百喻经】

从前有一个穷人，有一点财产。看见大富翁，就想和他们一样富有。由于不能与富人同样富有，就想把自己原有的那么一点财产，扔到水里。旁边的人说：“你的财物虽然少，但可以养活你一些时日，为什么要无端舍弃扔到水里呢？”

——（摘录）贫人欲与富者等财物喻

落第及第

很多事情在处理上，会有错误产生，

大多肇因于没有建立正确的观念。

【提要】

世界上，有的人成功，飞黄腾达；有的人失败，穷困潦倒；有的人对人类有所贡献，有的人对人类造成威胁。此中最大的关键，就在于人对世界有不同的观念。“观念”影响人生的态度，观念其实是可以改变的，世间的喜怒得失，贫富穷通，都是观念中的分别而已，所以操纵我们人生苦乐祸福的，不是别人，而是自己。

【正文】

及第与落第之间，人人都希望及第，不要落第。

据说，有位学生因为感谢校长的苦心教导，特别预定了一束美丽花朵，准备在毕业典礼上献给校长。

到了毕业典礼那天，学生把花呈献给校长，因为校长没有接好，结果花朵落地。顿时，学生泪眼婆娑，他心想：“我送花给校长，结果花竟落地。糟糕，我的联考成绩一定也是名落孙山。”

可是，聪明的校长一看到花掉到地上，便弯腰把花捡起来，捧在怀里，对学生说："太好了！这个花及地了。"

学生听校长这么一讲，破涕为笑，开心起来。

其实，落地、及地只有一字之差，很多事情在处理上，会有错误产生，大多肇因于没有建立正确的观念，所以导致明明是好事，却悲观地看待；对于危机潜藏的事情，反而安然不自知，因此正确观念的建立，是很重要的。

举例来说：情侣看到月亮，感觉月色很美，十分诗情画意；可是小偷见到月亮，心中厌恶万分，怕月光泄露他的行踪。同样，落难之人见到警察，认为救星到了；坏人看到警察，拔腿就跑，仿佛见到要命的煞星一般。

同样是月亮，为什么有人喜爱，有人厌恶呢？同样是警察，为什么有人觉得是救星，有人却认为是煞星呢？

其实，喜爱与厌恶，救命与要命，无关月亮和警察，全是我们自己的问题。平时心中必须建立正确的观念，行为态度才能刚正不阿。假如连基本的观念都无法健全，那么行为举止又怎能不失控呢？人生态度怎能不偏差呢？

曾经有个学校召开董事会，讨论奖学金的问题，会中有人提出家长的反映，说："有家长要求，能不能不要设那么高额的奖学金，与其设这些奖学金，不如少收一点学费，减轻家长的负担。"

与会大众觉得很诧异，问道："这话怎么说呢？"

发言者继续说："家长认为奖学金的额度再高，都是小孩子自己拿去花用，因为小孩子认为奖学金是他的，所以不给父母。做父母的还是得拿出钱来帮孩子缴学费。因此，家长建议与其设奖学金，不如少收一点学费。"

董事的话一说完，与会大众议论纷纷。

现代的孩子与父母竟然对奖学金有着这样不正确的观念。奖学金设立的本意，是要鼓励奖助学生读书，怎么会变成小孩子随意花用的零钱，而父母因为跟孩子要不到奖学金，就反过来要求学校减低学费，这种不正确的观念，使得奖学金的意义偏差了。

所以，树立健康、正确的观念，是每个人应该努力的目标，正如“及第”与“落第”，虽只是一念之差，但一念之间，对我们的人生，却有着莫大的影响。

【思考】

1. 试述本文之大意。
2. 如何树立健康、正确的人生观？试举例说明。
3. 读完本文后，你有何省思或启示？

【延伸阅读——白话百喻经】

从前有一位奶娘，抱着小孩儿赶路，因为疲累过度，休息时不知不觉就睡着了。这时有一个人，拿着一块叫作“欢喜丸”的饼给小孩儿。小孩儿得到饼之后，贪着它的美味，对身上和周边的东西就不管了。那人立刻把小孩儿所戴的项圈、璎珞、衣物，全都拿走了。

——（摘录）小儿得欢喜丸喻

筷　子

我们常常只顾羡慕别人，

只晓得和他人计较，

忽略自己所有。

【提要】

禅宗三祖僧璨大师说：“至道无难，唯嫌拣择，但莫憎爱，洞然明白。”人之所以会烦恼，往往是从“比较”“计较”而来，总觉得别人得到的比自己的多，比自己的好，担心自己手中的东西不是最好的，担心吃亏，被别人占了便宜，所以，人我之间种种的纠纷也因此产生，如果我们能够超越一切对立、差别、得失等妄念，就能安住于平等一味的自在境界。

【正文】

在每个人的心中，常常会生起一种感觉，就是对很多事情感到很无奈；甚至觉得今天太不称心、太不如意、很不欢喜；或者这件事实在让我看不下去，那件事情为什么不能这样处理？我明明做了，为什么结果还是这样呢？他为什么对我放不下？他为什么老是那副面孔？

诸如此类的琐事，总让我们觉得人生不愉快、不称心、不顺意。

事实上，发生这样的状况，有这种感受，并不奇怪。这不单是个人的现象，而是每个人都如此，所以俗话说："人生不如意事十之八九。"也不必自怨自艾。为什么我们会有这样的感受呢？主要是从比较、计较而来，因为大部分人的心态都是："站在此山看彼山，到了彼山没柴烧。"

看看现在自己所处的位置，所拥有的一切，总觉得不顺利、不合意、不满足，别人拥有的总是比较好。然而真正到了别人的位置，一切真的又那么好吗？往往是到了彼山没柴烧。

有这么一则譬喻：过去，有一位富翁，每次用餐的时候，桌上都摆满几十道佳肴。菜色虽多，手中的筷子却很短，富翁每次只夹前面的菜来吃。

有一天，他心想："每次都夹面前的菜，说不定摆在后面的菜比较好吃。"

这个念头被用人察觉了，因此用人特别准备一双很长的筷子，要给主人用。

用餐时，富翁看到这双长筷，心里很高兴，果然轻轻松松就夹到后面的菜。可是，问题也来了，筷子那么长，怎么把菜送进嘴里呢？好不容易费了一番工夫，才把菜塞进嘴里，味道并没有想象中来得那么好吃，于是想再夹前面的菜来吃，但这时候筷子太长，想要夹起前面的菜，又很困难了。

所以，我们总觉得别人的比我好，别人的比我多，别人比我幸运，却不知道自己也不错，常常只顾羡慕别人，只晓得和他人计较，忽略自己所有。

假如我们能以这个譬喻为例，就不会只是认为后面的菜好吃，其实仔细尝一尝，前面的菜也不错啊！

佛教界里有一句笑话："远方来的和尚会念经。"就是在描述这种心态。不管我们做任何一件事情，只要我们能从眼前、从脚下，开始逐步踏实地做起，一定会有不错的结果。

【思考】

1. 为什么人生不如意事十之八九？

2. 你曾经羡慕过别人什么？为什么？

3. 本文给你哪些启示？

【延伸阅读——白话百喻经】

从前有一位老妇人，躺在树下休息，有一只熊想攻击她，吓得老妇人绕着大树逃避，熊在后面追，它一只手抱着树身，另一只伸手想捉住老妇人。老妇人急了，立刻将合抱住树身的两只熊爪按在树干上，熊动弹不得。这时有一个人经过，老妇人就对他说："你帮我一起把熊捉住，杀了之后，我把肉分给你。"那人相信了老妇人的话，就一起按住熊爪。按住后，老妇人趁机逃走了，那人后来就被熊困住了。

——（摘录）老母捉熊喻

听“听不到的声音”

远远地，他看到村子灯火通明，
人声鼎沸，大家在开庆祝晚会，
庆贺他离开了这个村子……

【提要】

《宗镜录》云：“耳根圆通无碍，听响之际，任隔碍而远近俱闻。”那么怎会有“听不到的声音”呢？其实，“听不到的声音”意味着不自觉，对自己的举心动念、品性行为、谈吐表情无警觉性，因着痴迷、傲慢而不觉自己的丑陋与缺陷。观世音菩萨耳根圆通，内观自心，外观众生，透过“心耳”，听闻世间音声寻声救苦。听内心音声也听外界音声，更化一切音声为清净音，才能得其利益。

【正文】

本篇说喻的题目是《听“听不到的声音”》，主旨是希望每个人都能仔细聆听“听不到的声音”。

西晋时，有一个年轻人名叫周处，他常常自以为在村子里很吃得开，因为村里的人无不让他、听他、顺从他，所以他很得意。周处究竟凭着什么样的本事，能让大家听他的话、顺从他呢？原来，周处的身材十分魁梧，他常常借着自己孔武有力、高大壮硕的身躯来欺负弱小。尤其，只要有人敢不顺从他所说的话，立即拳头相向，痛揍一番，因此大家都很怕他。

事实上，在村民的心里，并不是真的那么顺从周处，只因为他为人凶恶，没有人敢讲出来而已。日子一久，大家都忍耐到受不了，村民就想，有什么办法，可以让周处离开这个村子。

有一阵子，到了晚上，可怕的老虎在村子里出没，于是大家聚集在一起商量，怎么样才能捉住这只老虎。有一个人献计："这样吧！我们叫周处去抓，如果他能够抓到老虎，大家就可以得到平安；即使抓不到，被老虎吃掉了，那么村子里也少了一个祸害。"

大家一听都说："这方法很好，周处平时逞英雄好汉，这一次大家就推举他去抓老虎。"

周处不知道大家的想法，还自鸣得意，真以为自己是大众心目中的英雄，于是他就单枪匹马去抓老虎了。可是，老虎会跑哇！他这么一追，两天都没有回来。村子里的人说："明天是第三天，如果再没有看到周处的影子，那就太好了。老虎也除掉，周处也离开村子，大家可以安心生活了。"

哪晓得，周处很认真去追老虎，一直追到第三天，才把老虎给降伏。那天夜里，他拖着很疲乏的身体回到村子，远远地，看到村子里灯火通明，人声鼎沸，好像在办什么活动，仔细观察，原来大家在开庆祝晚会，却是庆贺他离开了这个村子。

见此，周处心里很难过："原来，我没有听到大家真正的声音。"从此以后周处便改过迁善，做一个真正得人心的英雄人物。

【思考】

1. 为什么我们会“听不到声音”呢?

2. 如何做一位“善听”的人?

3. 试述这篇文章给了你什么启示?

【延伸阅读——白话百喻经】

从前有一个人，跟别人的妻子幽会时，妇人的丈夫突然从外面回来，这丈夫就守在门外，打算待男人出来时，再把他杀了。那妇人便对情夫说:“我丈夫已经发觉了，这里没有别的出口，只有摩尼能让你出去。”印度人把排水通道称为“摩尼”，妇人的意思是想让他从排水道出去，但是那男人误解了她的话，以为真的有摩尼宝珠，就在屋子里四处翻找，还说:“如果找不到摩尼宝珠，我就不出去。”不一会儿，这个人就被妇人的丈夫给杀害了。

——(摘录)摩尼水窦喻

自创标志

我们无论说什么、做什么，

都一点一滴地在打造自己的形象。

【提要】

现代的商业，都很讲究商业广告、商业招牌；在商业招牌当中，尤以“金字招牌”或是历经岁月不倒的“百年老店”最具代表性。除了工商经营需要商业招牌外，现代人在社会上立身处世，也是要讲究招牌。一个人的形象好，就是一块很好的招牌。只要平时做人形象好、德学皆备、结的善缘多，而且奋发有为，自能树立起自己的优良形象，到处受人欢迎，赢得别人的肯定。

【正文】

“自创标志”就是自己为自己打造形象，本篇主要在说明，一个人常常不满意自己的形象，尤其当自己的形象不好的时候，总是怪别人随便替他打造他的标志，然而事实果真如此吗？

我们都很希望自己有一个好的形象，甚至公众人物，还要请人替他设计形象，主要的目的就是希望能展现好的印象，让所有的人看到他时，都肯定他是好的、是美的、是对的、是令人喜欢的。

尽管采用各式各样的服饰、设计、包装，来打造一个人的外在形象，然而事实上真正能够塑造形象的，却是自己的一言一行，自己的待人处事。不过，大家很少注意到这一点，常常遇到不如意的事情，受到人家的反对、批评，就抱怨对方伤害了我们的形象，或者是生气对方捏造我们的形象。

以佛法而言，一个人的形象怎么样，都是由他的身、口、意三业所打造出来的，也就是我们无论说什么、做什么，都一点一滴地在打造自己的形象。因此，别人眼中看到了什么，或者说我们是怎样的一个人，即使自己不满意这些说法也没有用，因为大家之所以会这样认定，都是自己给别人的印象所导致的。

据说有一个老板，自认为是很慈悲的人，所以天天奉行他的慈悲。有一天，当他走过办公室，听到伙计们在那里讨论："事实上，我们老板真的很慈悲，算起来也可以说是有德行的人，只可惜他的脾气太坏，动不动就要出手打人，真遗憾！"

老板听到这段话，很生气地冲到里面，抓起当中一个人，立刻赏给他两个耳光。

"你说我喜欢打人，你说我好发脾气，谁把我说成这样的人？我一直努力做个慈悲人，做个有德行的人，是谁把我说成那么糟？"老板发怒地问着。

旁边一个职员，冷静地上前制止，说："老板，请你息怒，说你好发脾气，说你动不动就出手打人，这不是别人讲的，是你自己告诉我们，因为你刚才的行为，就是这样的。"

所以，不要怪别人怎么说我们，不要怪别人把我们塑造成怎样的形象，因为所有的一切，都是自己平常的一言一行，为自己塑造出的形象。因此我们希望自己有什么样的形象，就要先自我要求具备相称的言行，这才是正确的办法。

【思考】

1. 如何塑造自我形象？

2. 你希望自己在别人眼中是什么样的形象？

3. 试述本文给了你什么启示？

【延伸阅读——白话百喻经】

从前有雌雄两只鸽子，共住在一个巢里。秋天果子熟时，它们采回来的果子满满一巢。过了一段时间，果子变干减少了，只剩半巢。雄鸽就责怪雌鸽说：“果子是我们辛苦摘来的，你却独自享用，现在只剩下一半了。”雌鸽说：“我并没有吃，是果子自己减少的。”雄鸽不信，又愤怒地说：“不是你吃的，果子怎么会自己变少呢？”就用尖嘴啄杀了雌鸽。过几天，天降大雨，果子得到水的滋润，又恢复原来的样子。雄鸽见了，这才后悔说：“它的确没有吃，是我错怪它了。”于是哀伤地呼唤着雌鸽：“你到哪里去啦？”

——（摘录）二鸽喻

选佛场

读书有读书的路，

就是不读书从事任何一个行业，

一样有出头的日子。

【提要】

一句“选官不如选佛”，令一心苦读上京赴考的书生顿时改变人生方向，大唐王朝因此少了一位文官，禅门却多了一位悟道的高僧。比起过去读书做官的一条路，现代青年的前途更加多元化，士农工商、经贸科技，只要肯努力，种种行业都可以发展出一片天地。然而在事业以外，仍应选择一个信仰，当面临重大转折的时候，才能有所依怙，不致做出错误的决定，后悔终生。对于选择信仰，选佛陀、耶稣、妈祖，都是选自己。你的心喜欢什么，当然就是什么。重点在于要把自己的生命定位在什么层次。

【正文】

佛光山云居楼前面，有一个很高、很大的门，上面写着“选佛场[①]”，意思是我来到这个地方学习成佛[②]，甚至我的人生就是要选择成佛。根据史料上的记载，“选佛场”一词源自禅宗里的丹霞禅师，是关于发生在他身上的一件事。

丹霞禅师出家前，是个非常有学问、有前途、有作为的年轻人。在古代，青年人的前途就是进京赴考，期望能考上状元。据说他在进京途中，有一天投宿在一间寺庙，夜已经很深了，他还在努力用功，寺里的师父就问："施主，你这么辛苦，深夜里还在认真读书，做什么啊？"

他说："唉，一个人的前途，就是进京应考通过科举。这是唯一的路，所以再辛苦，也只得走，只得做啊！"

这个出家人听了以后，说道："年轻人的前途，难道只有进京赴考这条路吗？"

"哦！那还有别的路吗？"

"有啊！不妨选佛，你觉得如何？选状元，选科举，也可以选佛啊！"

年轻人一听，觉得："不错，师父讲得有道理。"

于是年轻人就在这间寺庙里学佛、修禅，后来因为对禅法相当有体悟，成为一代禅师，更以"丹霞烧佛"公案传闻于后世，他教育世人不要执著外在的形相，而须直指人的本性。

丹霞禅师选择了成佛，作为他人生的道路。今日，社会上很多年轻人，眼中只有大专联考、高中联考，只有往上读书这条路，从中学读到大学，从大学读到研究生，甚至出国留学，难道一个年轻人的前途，只有这条路吗？虽然这也是一条路，但绝对不是唯一的路，人生的道路毕竟还有很多。

有时我们会听到："那些有学位、有学问、留学的人，常常被只有读小学、读中学的老板聘用。"这样的事情在社会上十分常见，也说明了读书有读书的路，就是不读书从事任何一个行业，一样有出头的日子。所以，年轻的朋友，人生的道路很多，不一定执著于大专联考。

【注释】

①选佛场：泛指佛寺。今指开坛说法、设戒、度僧之地。

②成佛：谓修行者证得圆满觉悟，完成自利、利他之德，而至究极之境界。

【思考】

1. 试述“选佛场”的起源。

2. 现代青年，除了选大学外，还有哪些选择？

3. 请分享读后感言。

【延伸阅读——白话百喻经】

从前有一位工匠师，为国王干活，由于不能忍受这样的劳苦，就谎称眼睛瞎了，由此得以摆脱这份苦役。其他工匠听说了，也想把自己的眼睛弄瞎，以避开苦役。有人说：“为什么要毁掉自己的眼睛，白白受苦呢？”

——（摘录）诈称眼盲喻

找女人喻

以喜舍心来对治贪欲，

以慈悲心来对治嗔恨，

以智慧心来对治愚痴。

【提要】

《心地观经》说："心如流水，念念生灭；心如大风，漂游四处；心如猿猴，跳动不已。"我们的心念不停地在生灭变化，前念才决定的事，后念又幡然反悔；前念才生出善意，后念随即起恶心。我们的生命就随着心念的起伏，时时在烦恼五欲里翻滚，日日在十法界中升沉，夜以继日，不得安宁。所谓"心如水之源，源清则流清"，心为万物之本，能把心管理好，生命才有真实的幸福安乐。

【正文】

有一次，佛陀在树下打坐，忽然听到鼎沸的人声，睁眼一看，原来是一群年轻男女正朝着他匆匆走来。

这群人来到佛陀面前之后，带队的人粗声问道："喂！你有没有看见一个女人朝这里跑来？"

佛陀回答："你们找这个女人做什么？"

带头的人说："我们一群人出来郊游，每个男人都带了自己的太太，只有一个人还没有太太，因此大家决定买一个女人给他。没想到，这个买来的女人竟然跑走了，所以大家也顾不得游乐，一起帮忙找这个女人。"

"这女人真的这么重要吗？"佛陀反问。

"当然重要啊！"带头的人回答。

于是，佛陀就说："不过跑了一个女人，就这么在意地寻找。事实上，你们还有其他丢失的东西，比这女人更为重要，却不晓得要去寻找啊！"

"哦，那是什么呢？"大家吃惊地问。

佛陀回答："是你们的心，找回你们迷失的心，才是最重要的！"

现代的社会里，不知道有多少人，就像譬喻里的这群人一样，只懂得盲目向外追求，却不晓得找回自己迷失的本心。

为了追逐失去的爱情，不惜械斗杀人，葬送自己大好的前程；为了贪图别人的金钱，不惜巧取豪夺，失却自己可贵的信誉；为了求得世间的功名，不惜矫饰说谎，沦丧自己的人格。

殊不知爱情、金钱、名利都是幻化无常，为了这些虚幻的事物，失却了柔软、清净、慈悲、智慧的本心，是多么不值得呀！

今日，社会上所产生的许多问题和失序现象，都是因为人们的心变得太狠、太硬，所以才会争斗不断。因此，我们要把忘失已久的柔软心、感恩心、慈悲心、清净心、智慧心给找回来，以喜舍心来对治贪欲，以慈悲心来对治嗔恨，以智慧心来对治愚痴，息灭心中的贪嗔痴三毒，携手共创安和乐利的生活环境。

【思考】

1. 试述本文之大意。

2. 如何找回自己迷失的本心?

3. 略述你对爱情、金钱、名利的看法?

【延伸阅读——白话百喻经】

过去有两个人，结伴而行于旷野之中。两个人各披一件细棉布织成的外套，在半路上遇到了盗贼。有一个人逃脱，躲藏在草丛中。另外那个被抢的人，先前曾在衣领里裹藏一枚金币，于是对盗贼说:“这件外套刚好值一枚金币，我想用一枚金币赎回。”盗贼问:“金币在哪里?”那人就从衣领中取出来，并且说:“这是真金的，如果你不相信的话，那边草丛里有一位高明的金匠师，你可以去问他。”于是盗贼发现了躲在草丛里的人，也抢走了那人的外套。

——(摘录)为恶贼所劫失氎喻

厨师的围裙

我们遇到不平等的要求时，
应觉得很庆幸，因为别人把我们当作一块白布，
所以有所要求和挑剔。

【提要】

应机施教是佛教悲智双运教育法，所谓“慈悲为本，方便为门”，度众说法可不是一招打遍天下，得因人、因地、因时，而施设各类法门，应病与药。千经万论、种种形相，只因众生根性利钝有别。“法无高下，应机者妙”，可知诸佛菩萨度众之本怀并无差别。

【正文】

在餐馆里煮菜的厨师，他的围裙怎么样呢？上面可能沾满油垢，无论怎么洗，都洗不干净，反正是围裙，不值钱，就不太管它。可是，如果换成了一块白布，或是我们穿的衣服，只要上面有那么一点污点，我们心里就会很在意、很计较。为什么同样都是布，两者却有这么大的差别呢？

过去，有户人家种了很多莲花，到了夏天的季节，池塘里的莲花朵朵开放，处处飘着莲花的清香。

有一位修道的比丘，在禅定中闻到了这股花香，不由自主去寻找香气的来源。找着、找着，来到了一座种满莲花的池塘边。

“原来这里有这么多的莲花。”比丘很高兴，静静地站在池边，闻着花香。

这时候，莲花池的主人正巧经过，看到比丘站在那儿闻着花香，很不高兴地说：“你这个修道人，怎么可以没经过我的同意，就来闻我的花香呢？这是犯偷盗戒啊！”

比丘听了很不服气，说：“我没有拿你什么东西，只是因为闻到香味，所以来这里闻一下而已，这样怎么能算偷盗呢？再说，你看看那莲花池，多少人偷了你的莲藕，摘了你的莲花，为什么你不去抓他们，反而来说我呢？”

主人说：“因为你是一块白布，所以我很在乎，至于那些挖莲藕、摘莲花的人，都如厨师的围裙，又肮脏、又油腻，所以我不计较。”

想想看，主人这样的对待要求，是不是很不公平？其实，这并不是不公平。

如果我们也遇到这种看似不平等的要求时，应觉得很庆幸，因为别人把我们当作一块白布，所以有所要求和挑剔；甚至对方把我们当成一块料子，能利用，有前途，可以调教。否则，如果只是一块抹布，或者是一条厨师的围裙，根本不需要用力搓洗，因为它看起来脏脏的，随便洗洗就好了，反正怎么洗也洗不干净。

因此，无论是在家里，或在工作岗位上，如果别人对我们有所要求，不要认为：“你怎么这么不公平，老是找我的麻烦？”或许对方认为你是“孺子可教”，希望提拔你，因此很在意你的表现。

【思考】

1. 试说明本文的意旨。

2. 在工作岗位上，你如何面对不公平的待遇？

3. 读完本文后，你有什么样的省思或启示？

【延伸阅读——白话百喻经】

过去有一个小孩儿，在陆地上玩耍时，捉到一只大海龟。小孩儿想把它杀掉，却又不知用什么方法，于是就问别人："怎么样才可以杀掉它？"有个人告诉他："你只要将它掷入水中，就可以立刻将它杀死。"小孩儿听信他的话，就将海龟扔到水中。海龟一到水里，立刻就游走了。

——（摘录）小儿得大龟喻

彩绘世间

装扮得体是一种礼貌，

而且能把这个社会、世界彩绘得更美，

以佛法来讲也是一种布施。

【提要】

佛陀曾在《玉耶女经》中提到妇女的十种业障，第九种是生性虚荣，化妆打扮，浪费时间。其实佛陀注重生活化的教法，是因应众生有所犯而对症下药的，玉耶女因为仗恃自己的聪明美丽，而骄慢任性，不敬公婆，为了使她觉悟自己的过错，才会特别点出化妆打扮的无用。现代社会以适度的化妆为礼貌，无论上班、赴宴，出席各种不同的场合，应薄施脂粉。不过除了外相上的化妆，进一步也应注意风度内涵、动作威仪，内心自然流露出的气质；当然最重要的是从服务、奉献中自我成长，继而影响家人、亲友、社会，这才是世间最美的彩绘。

【正文】

什么叫“彩绘世间”？就是用一支彩笔，把这个世间画得更美。

大多数的女众，几乎每天都要化妆，早上起床之后，就在考虑眉毛该怎么画，要用什么颜色的口红，什么牌子的面霜，要用哪些化妆品等。可是，不管怎么想，总不出应该怎么化妆，才能让自己更漂亮，喜欢这个颜色的口红，喜欢那个颜色的粉饼，等等。

但是，专业的化妆师却明白指出："当一个人在化妆的时候，如果老是想着我要怎么样，这种化妆是失败的，是不及格的。"那么，要怎样来化妆呢？俗话说"女为悦己者容"，为了某一个喜欢的人，要打扮得很好，让他见了高兴。事实上，除了为某一个人外，我们也可以为这个社会、为这个世界，来装扮自己。譬如：小姐、女士们，每天上街前都想到，我的装扮可以让这条街，让这个社会，甚至整个风景区，多增加一点色彩，多给人一些欢喜，如果以这样的心念来化妆的话，我们的社会就更美丽了。

可是，也有很多人却懒得化妆，甚至早上起床晚了，上班都来不及，更遑论化妆。于是，头发随便一扎，面包随手一拿，匆忙出门了，或者有时也会想今天不出门，不必化妆了，因此随随便便、邋邋遢遢，这些观念都不正确，因为装扮得体是一种礼貌。而且能把这个社会、世界彩绘得更美，以佛法来讲也是一种布施。

纵使不去公司上班，待在家里，如果能打扮得整齐端庄，那么这个家有舒适家具，高级的设备，再加上自己美丽的化妆打扮，感觉起来不是很不错吗？这也是一种家庭的彩绘。相反地，如果认为："管他的，今天又不上班，偷懒一下。"万一孩子、先生回来，客人上门，霎时那种感觉，真是从头到脚的穿着打扮，都跟这个房子格格不入，是多么不相称啊！

因此，我们出门的时候打扮一下，为这个社会添加一点色彩；我们到别人家拜访，或参加宴会的时候，把自己打扮好，可以让这个宴会更有色彩；即使在家里，自己把自己装扮好，也可以让家更加缤纷亮丽。打扮的原则，就是要适合自己的身份，让人家看了之后，觉得很舒服，觉得很欢喜，这样也等于是用化妆、打扮，给人欢喜的布施。

【思考】

1. 为什么说装扮得体也是一种布施？
2. 你认为在家需要化妆吗？为什么？
3. 如何彩绘人生？

【延伸阅读——白话百喻经】

《百喻经》这本书中掺杂了好笑的故事，就好比是极苦的药，掺进了甜蜜的蜂蜜，药是为了治好病，此书宗旨也是如此。正法中掺和的戏笑，好比那些蜂蜜之药，佛的正法却是寂定，静宁之火明照世间；又譬如服吐秽的药，使体内酥软滋润，我如今也用这方法，寂定时方显示真理。像祛除众疾的灵药，好比阿伽陀万灵药，先用树叶来包裹好，取药涂在毒疮上后，树叶就可以抛弃了；戏笑如裹药的树叶，实义妙药就在其中，有智者吸取了正义，戏笑便应该抛舍。

——（摘录）偈颂